11+
Non-verbal Reasoning

TESTBOOK **1**

Standard 10 Minute Tests

Dr Stephen C Curran
with Andrea Richardson
Edited by Nell Bond

Accelerated Education Publications Ltd

Non-verbal Reasoning Test 1
Odd One Out

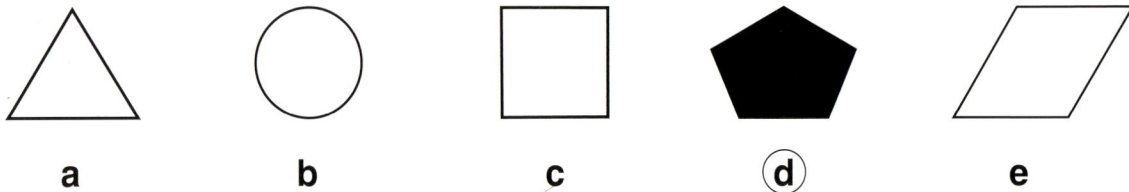

In each of the rows below there are five figures. Find one figure in each row that is **most unlike** the other four.

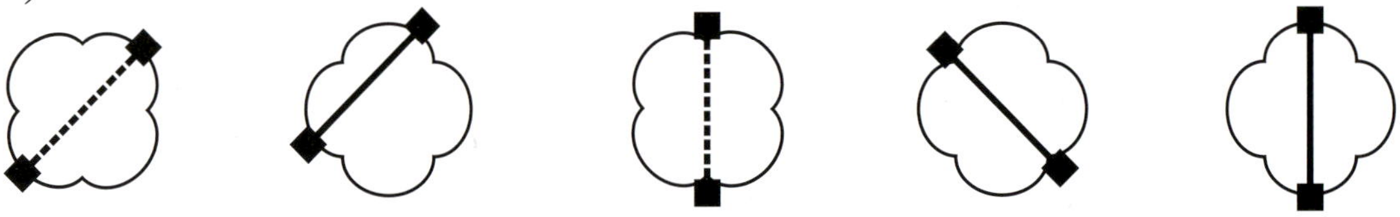

Example

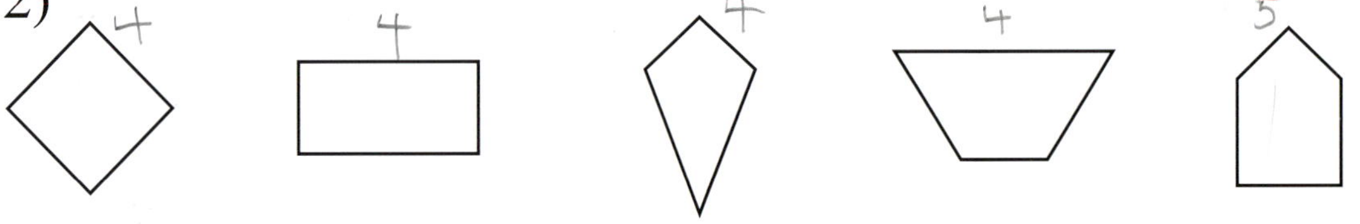

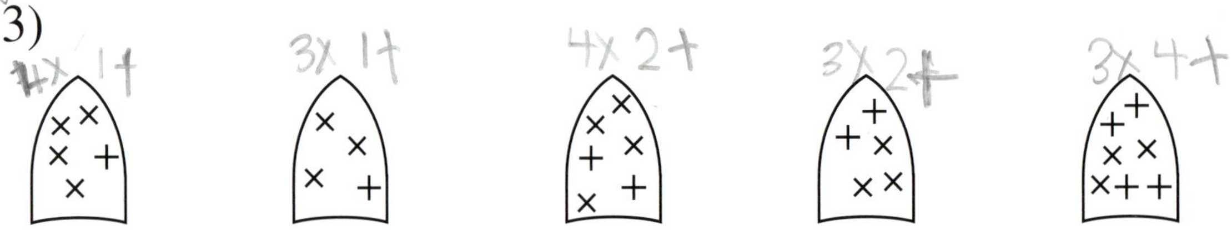

2   © 2011 Stephen Curran

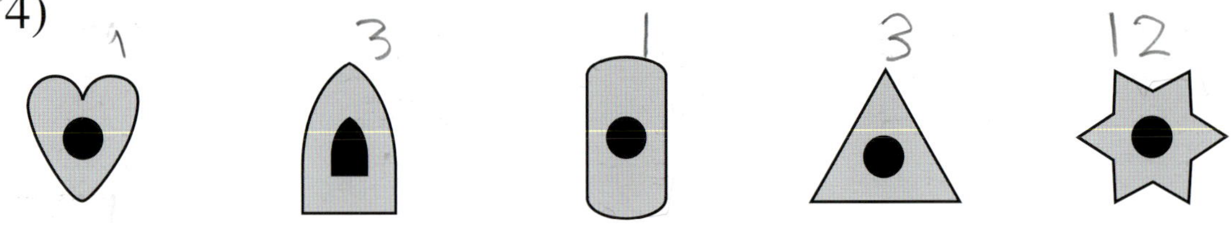

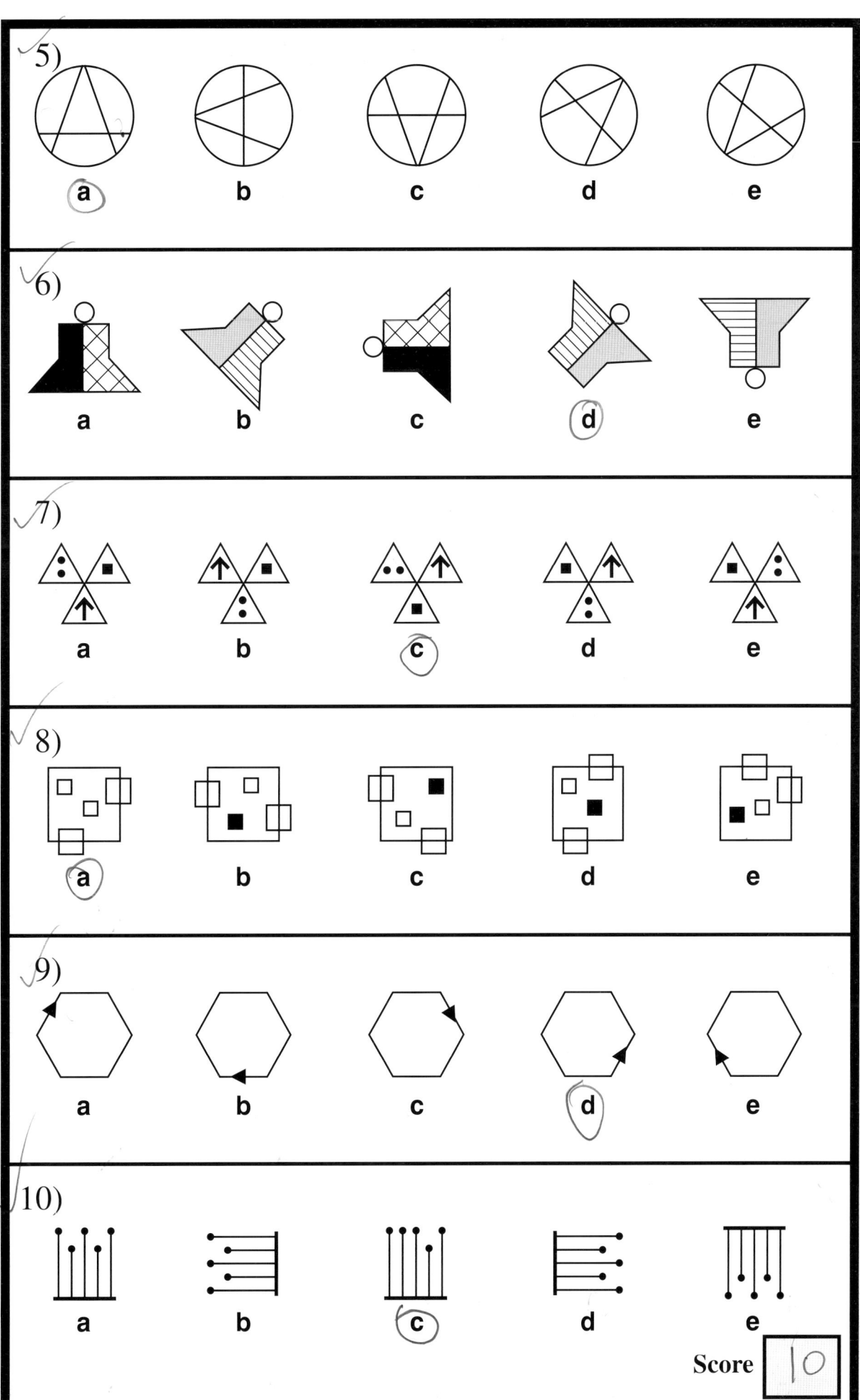

Non-verbal Reasoning Test 2
Codes

The following shapes correspond to the codes next to them. You must decide how the code letters go with the shapes and then find the correct code for the Test Shape.

Example

 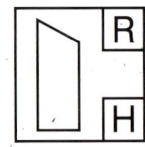   |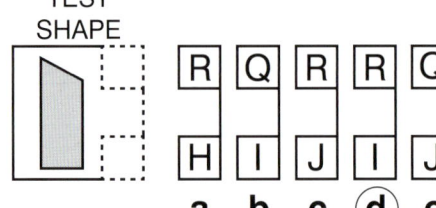

The top letter stands for each shape: **Q** - Isosceles Trapezium Shape; **R** - Ordinary Trapezium Shape. The bottom letter stands for the type of fill: **H** - White Fill; **I** - Grey Fill; **J** - Black Fill. The Answer is **RI**.

Now do the questions below. Circle the correct answer.

1) answer: b

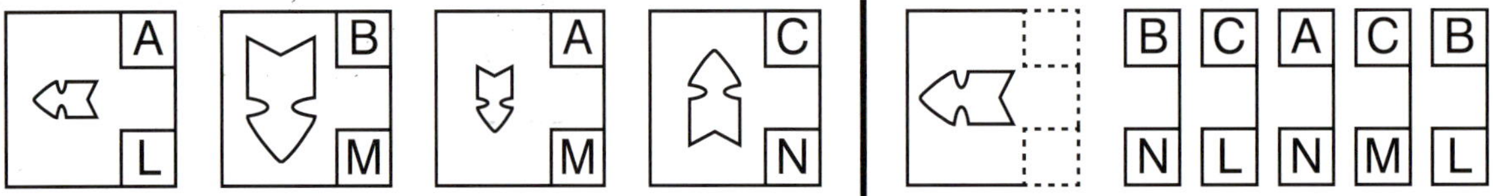

2) answer: d

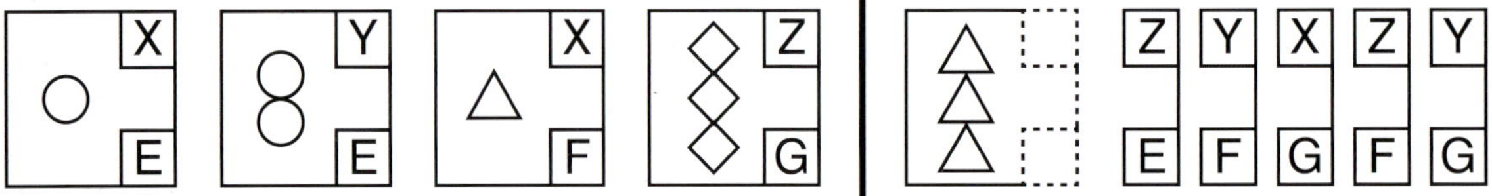

3) answer: e

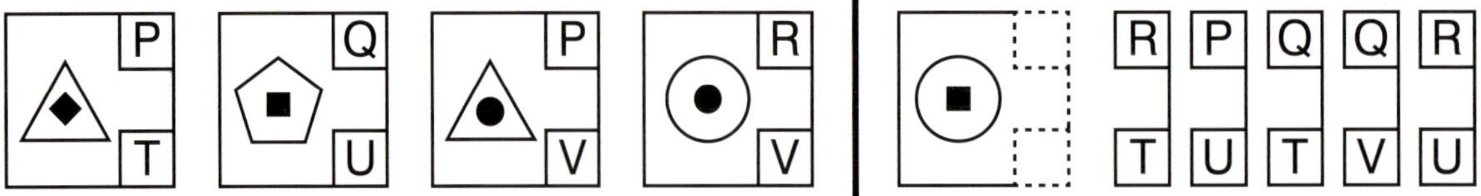

4) answer: a

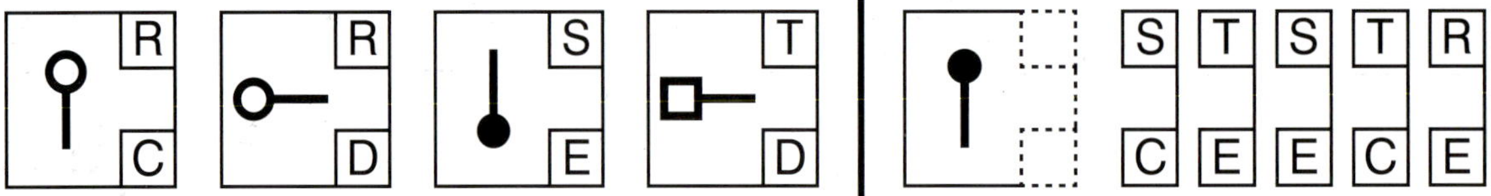

© 2011 Stephen Curran

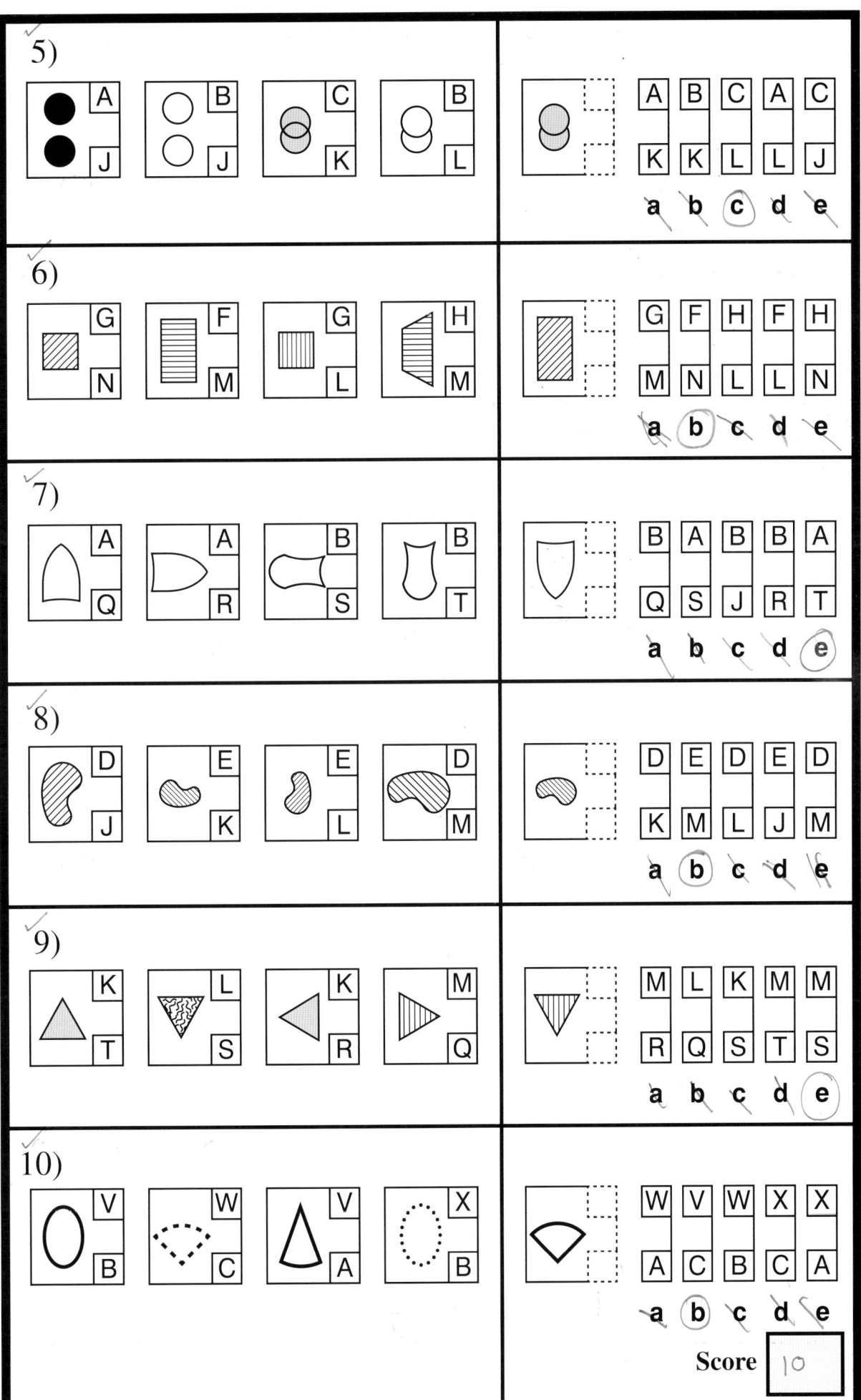

Non-verbal Reasoning Test 3

Analogies

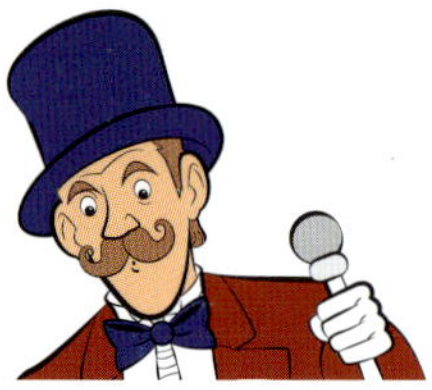

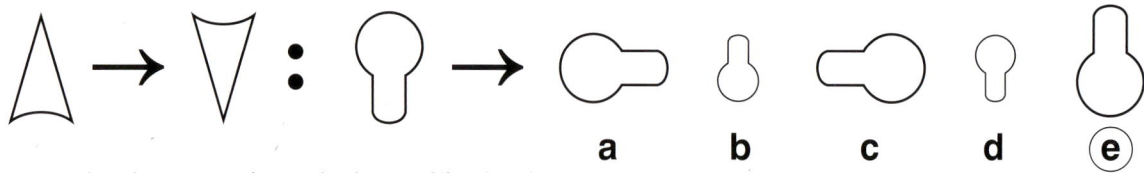

On the left of each row are two shapes with an arrow between them. Decide how the second shape is related to the first. After these there is a third shape, then an arrow and then five more shapes. Decide which of the five shapes goes with the third shape to make a pair like the two shapes on the left.

Example

a b c d e

Now do the questions below. Circle the correct answer.

1)

a b c d e

2)

a b c d e

3)

a b c d e

4)

a b c d e

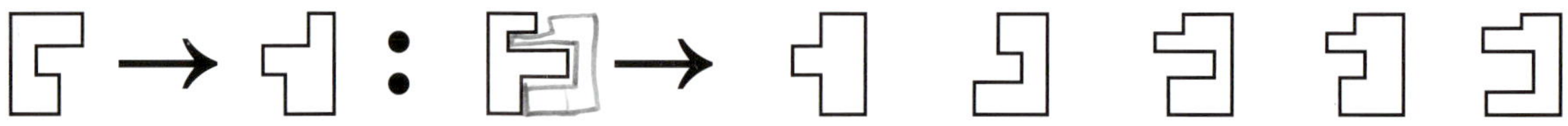

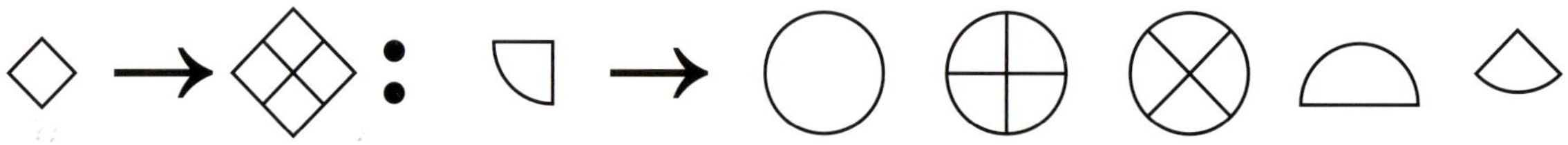

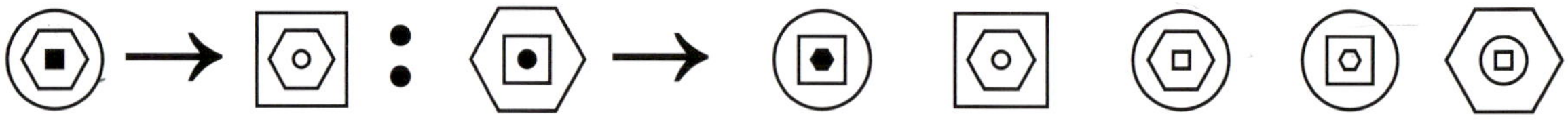

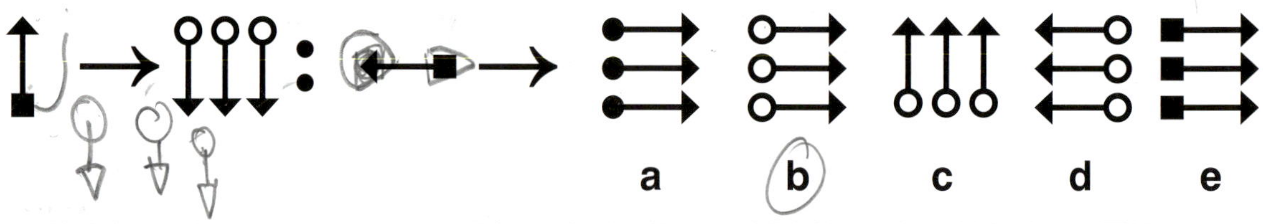

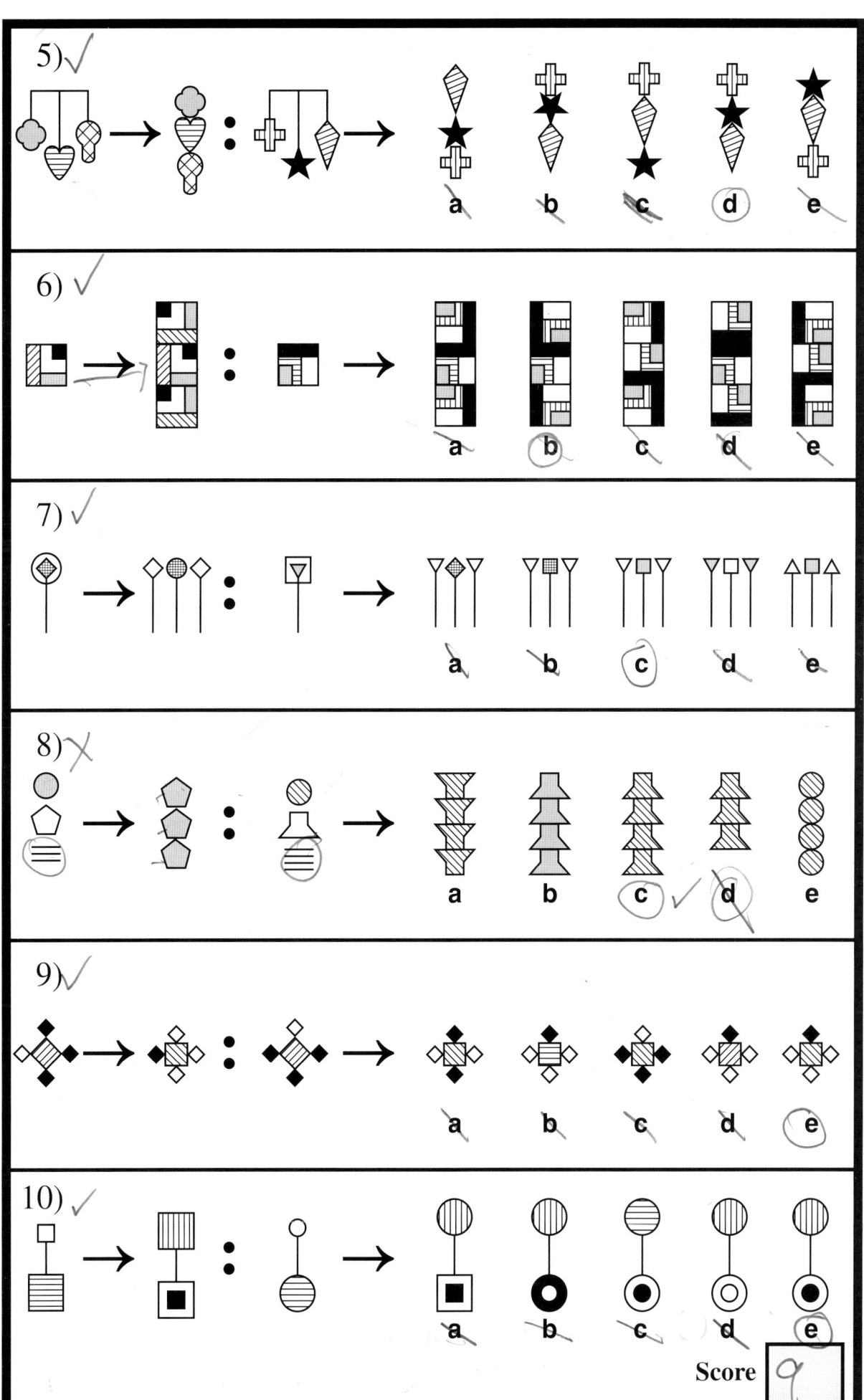

Non-verbal Reasoning Test 4

Similarities

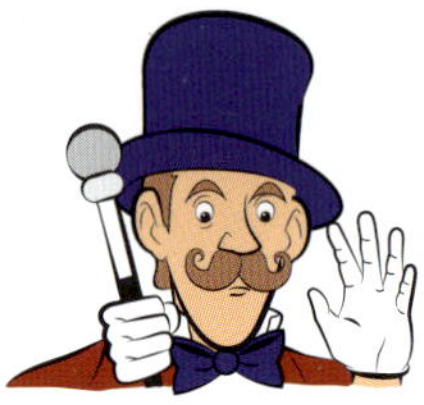

On the left of each of the rows below there are two figures that are alike. On the right there are five more figures. Find which one of these five is **most like** the two figures on the left.

Example

a b c d e

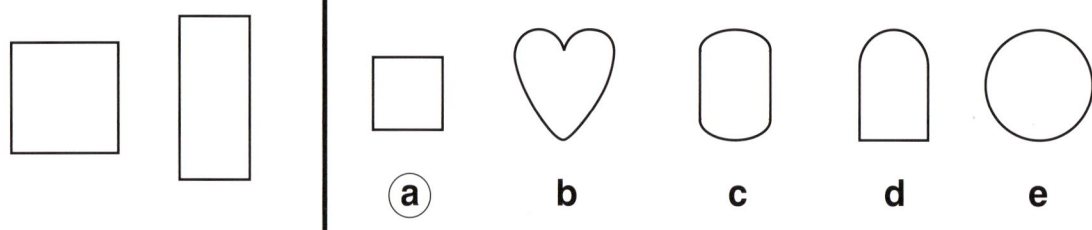

Now do the questions below. Circle the correct answer.

1)

a b c d e

2)

a b c d e

3)

a b c d e

4)

a b c d e

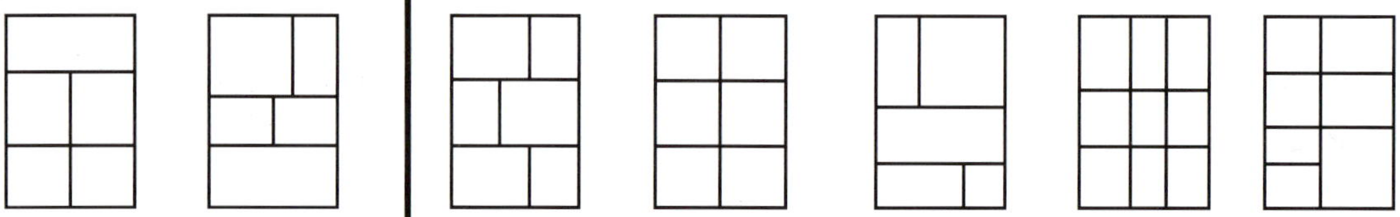

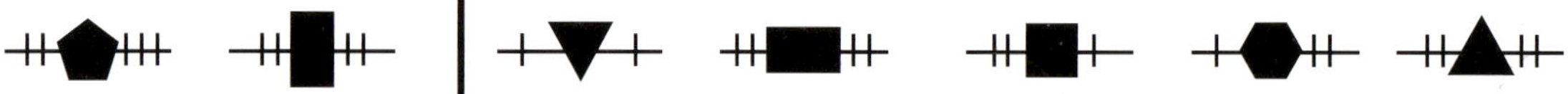

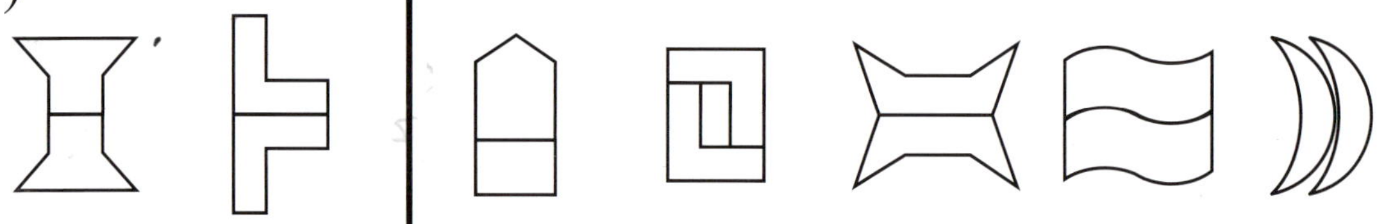

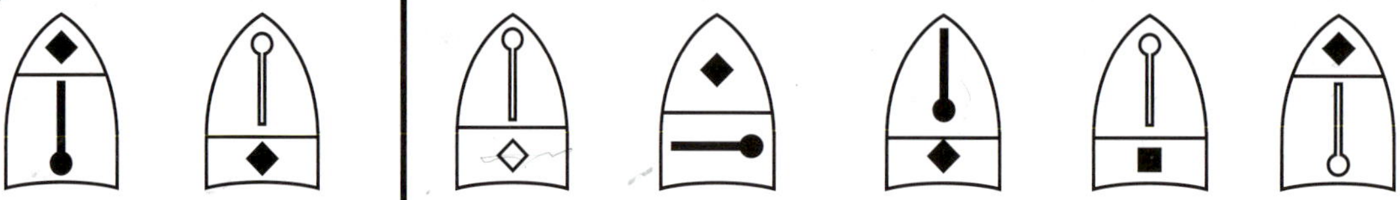

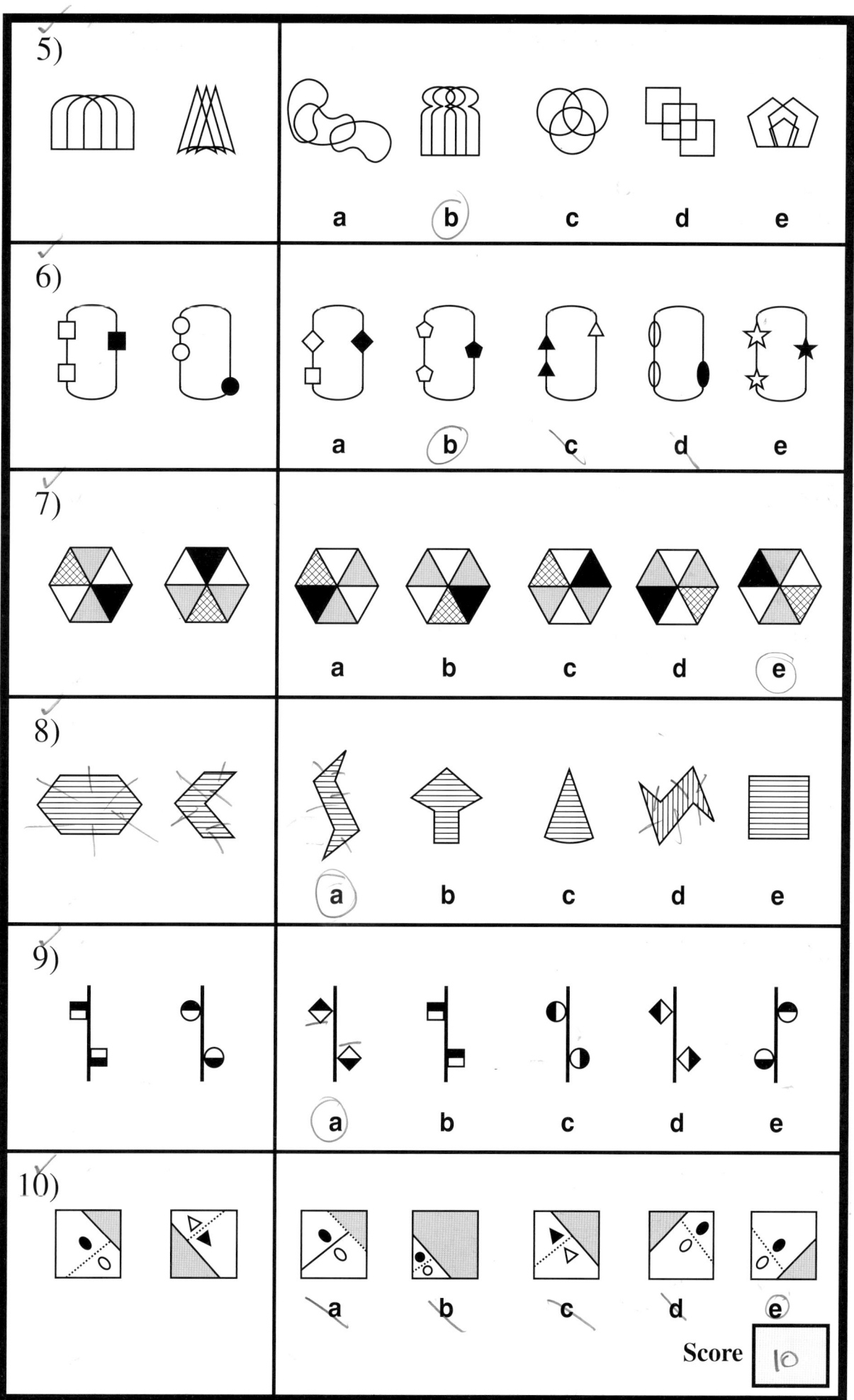

Non-verbal Reasoning Test 5
Series

To the left of each of the lines below there are five squares arranged in order. One of these squares has been left empty. Find which one of the five squares on the right should take the place of the empty square.

Example

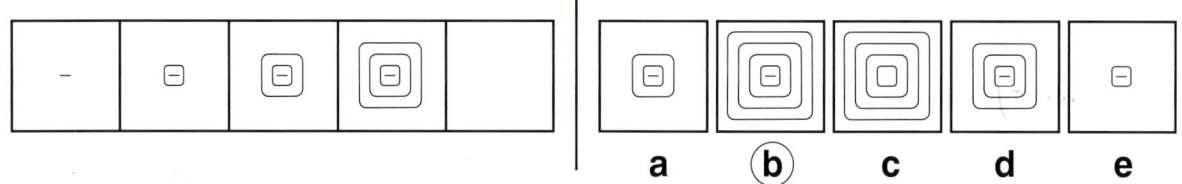

Now do the questions below. Circle the correct answer.

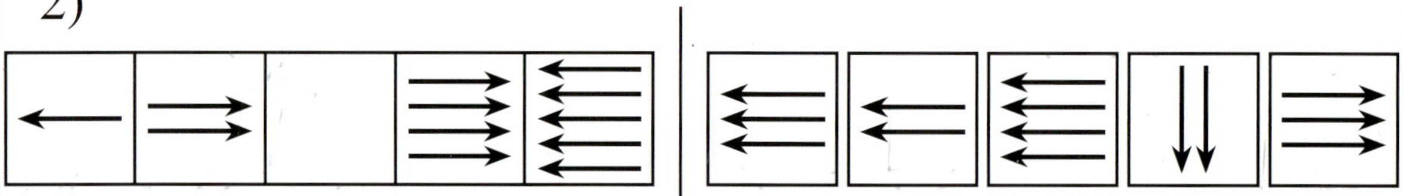

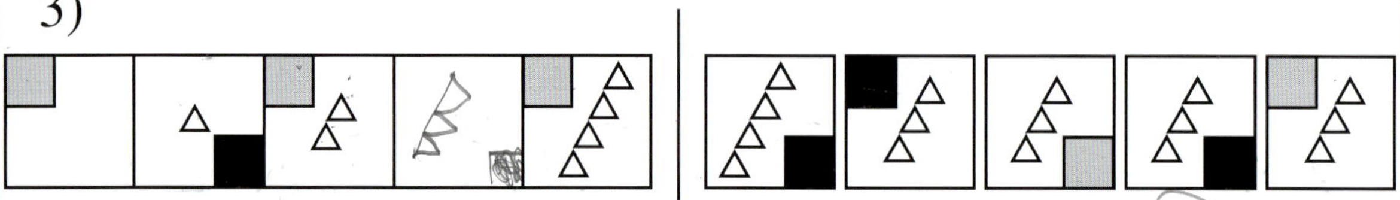

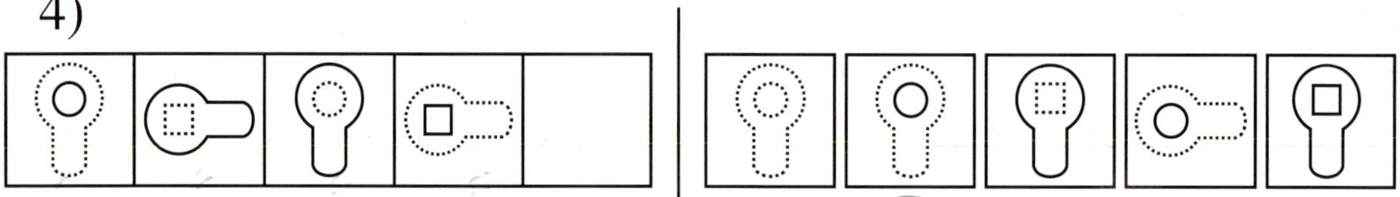

10 © 2011 Stephen Curran

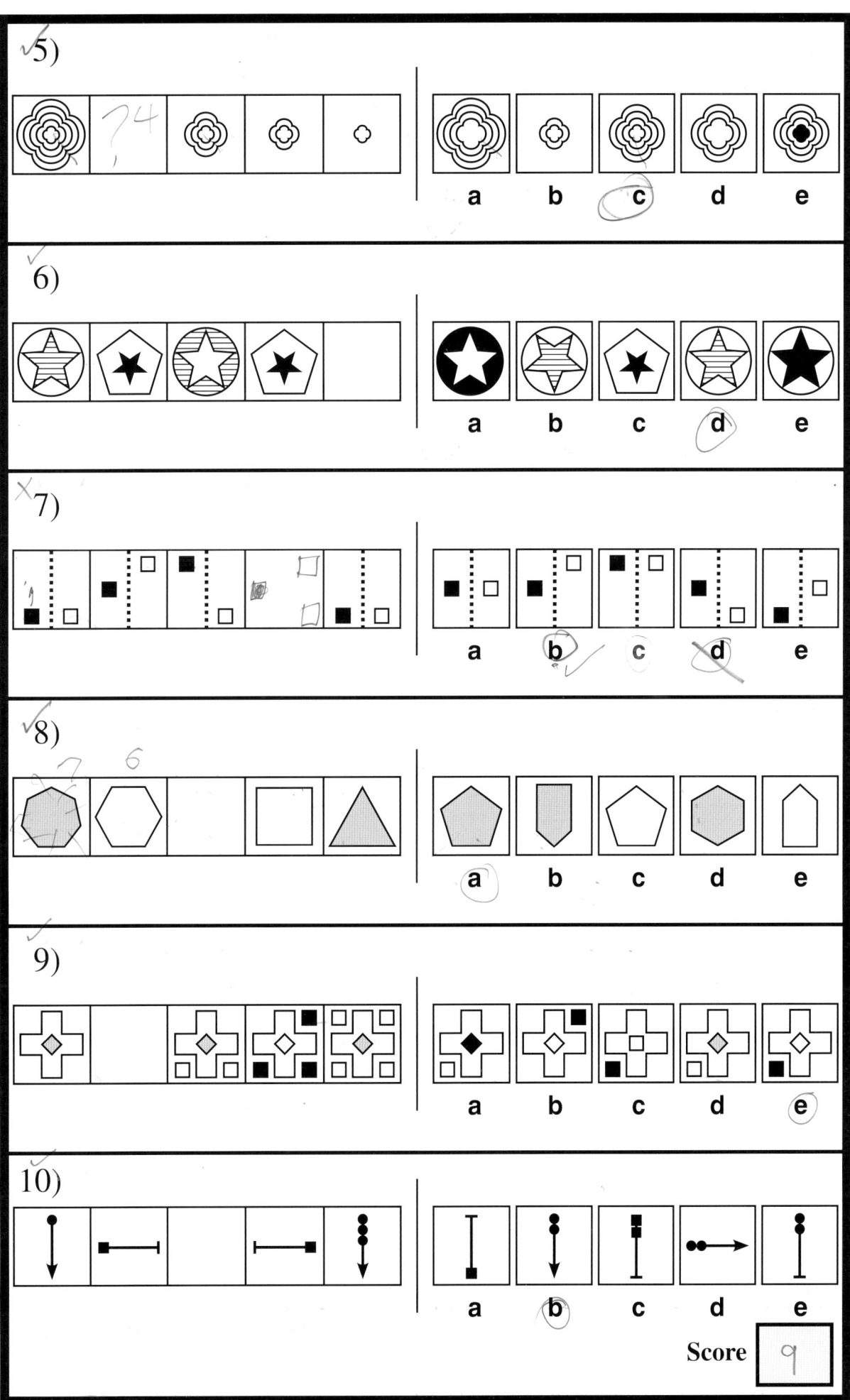

Non-verbal Reasoning Test 6

Matrices

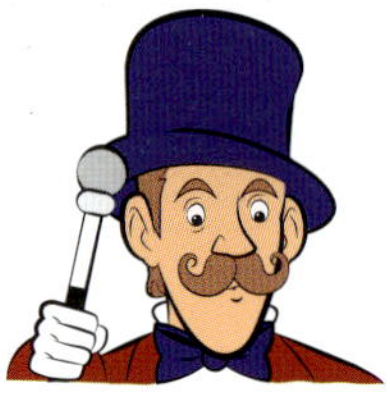

In the big square on the left of each line below, one of the small squares has been left empty. One of the five figures on the right should fill the empty square. Find this figure.

Example

a b c d e

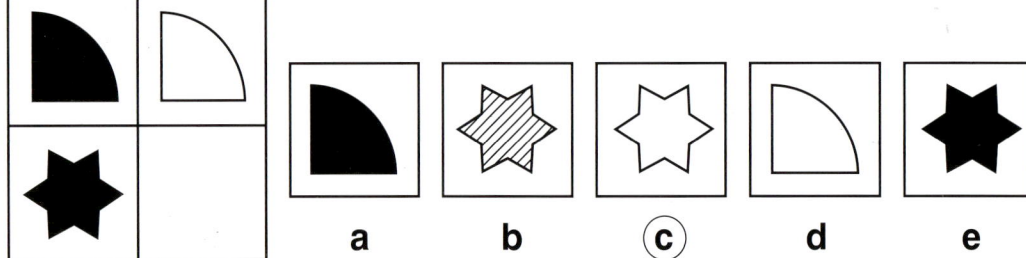

Now do the questions below. Circle the correct answer.

1)

a b c d e

2)

a b c d e

3)

a b c d e

4)

a b c d e

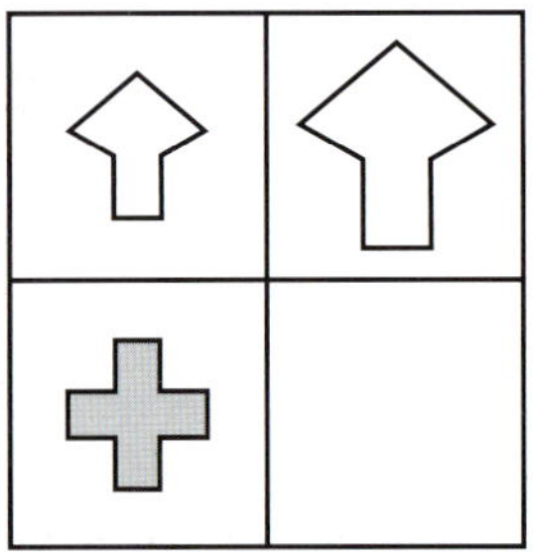

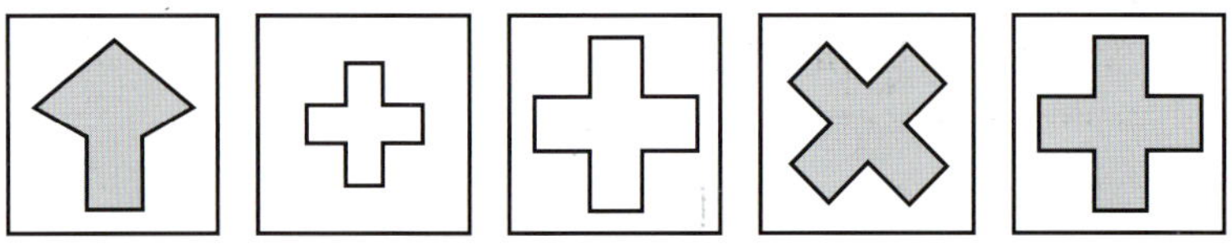

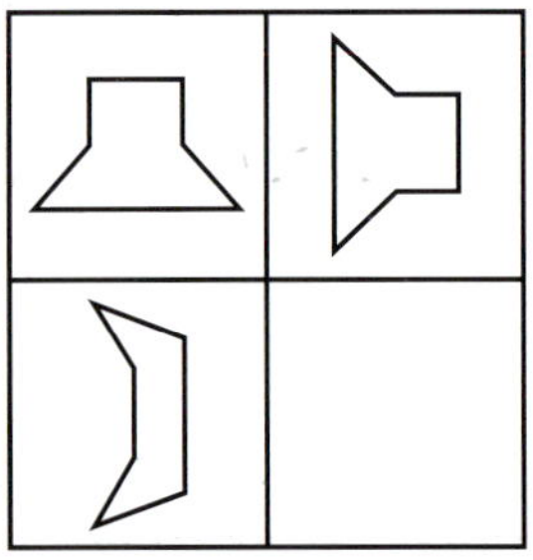

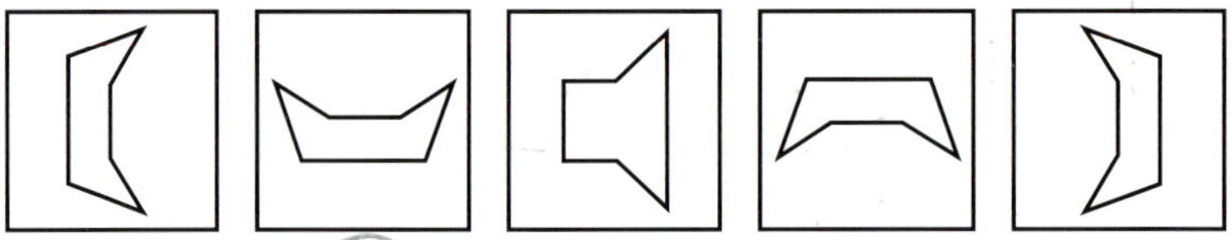

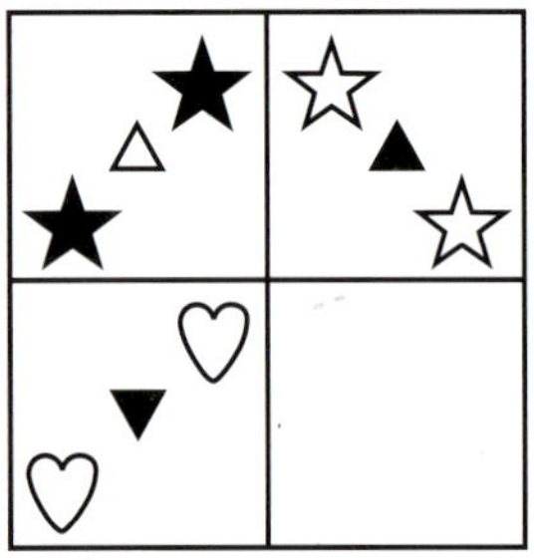

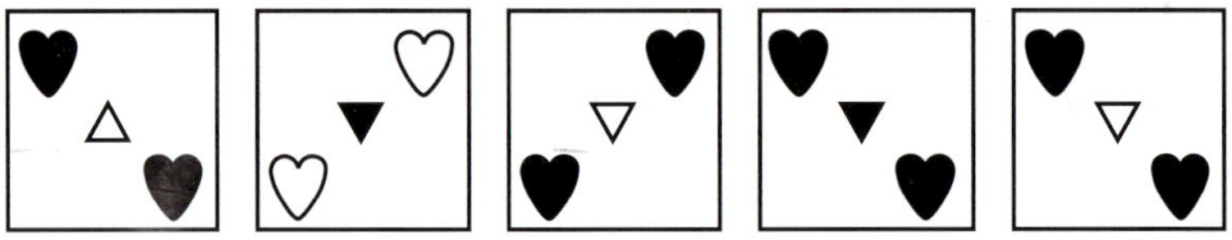

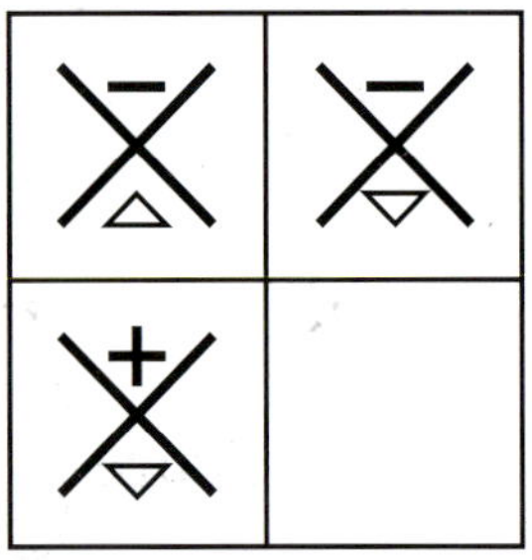

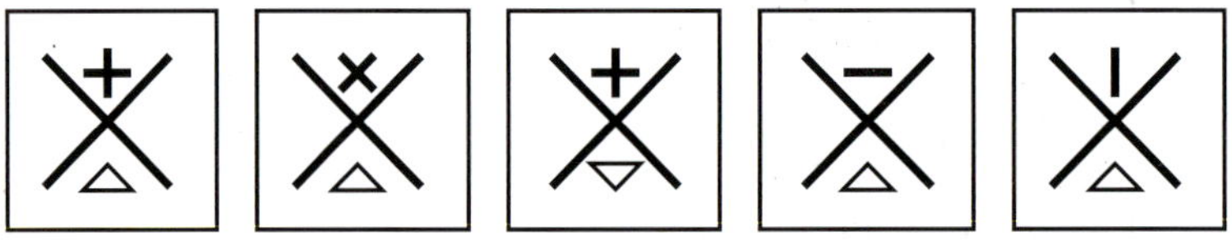

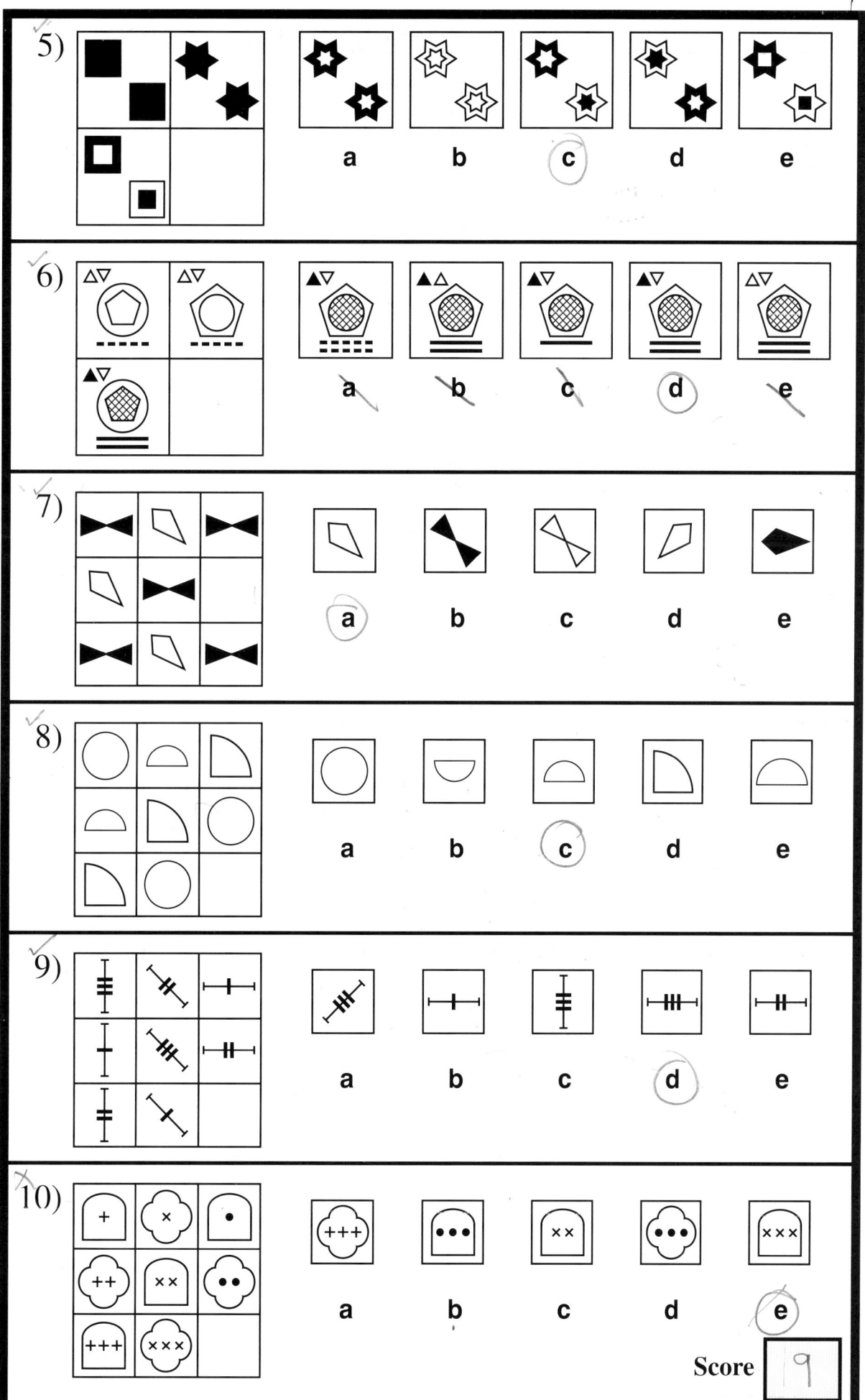

Non-verbal Reasoning Test 7

Odd One Out

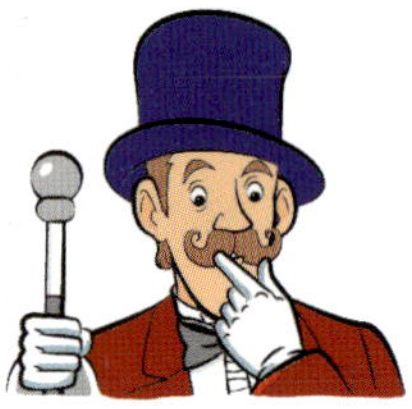

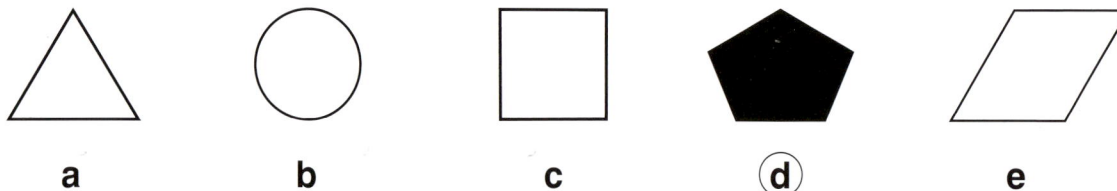

In each of the rows below there are five figures. Find one figure in each row that is **most unlike** the other four.

Example

a b c (d) e

Now do the questions below. Circle the correct answer.

1)

a b c d e

2)

a b c d e

3)

a b c d e

4)

a b c d e

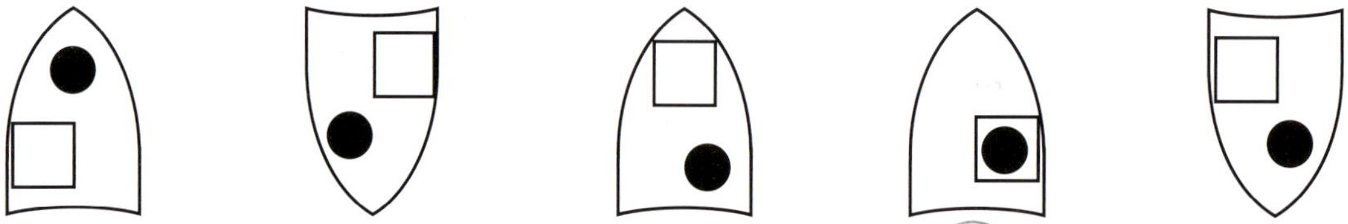

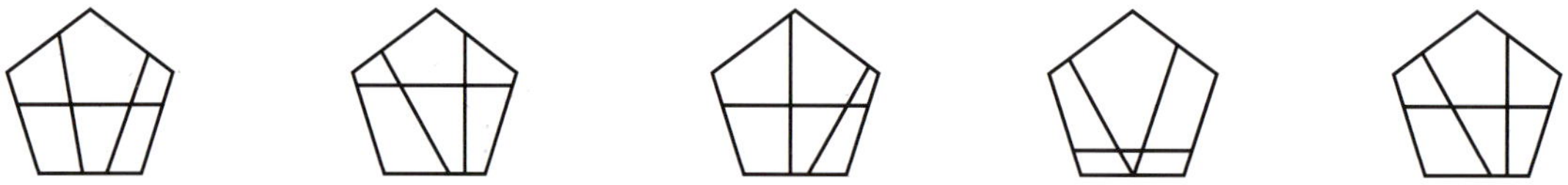

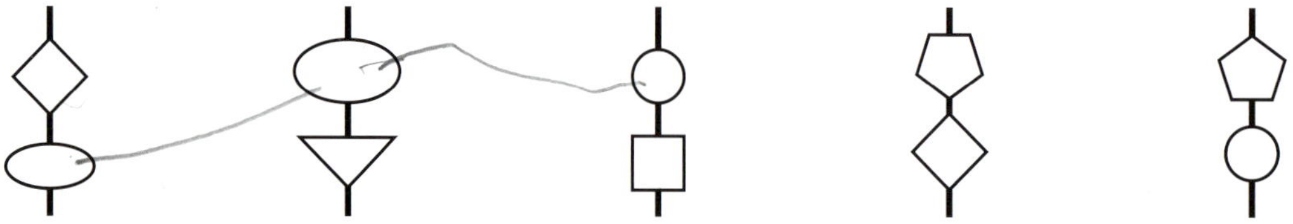

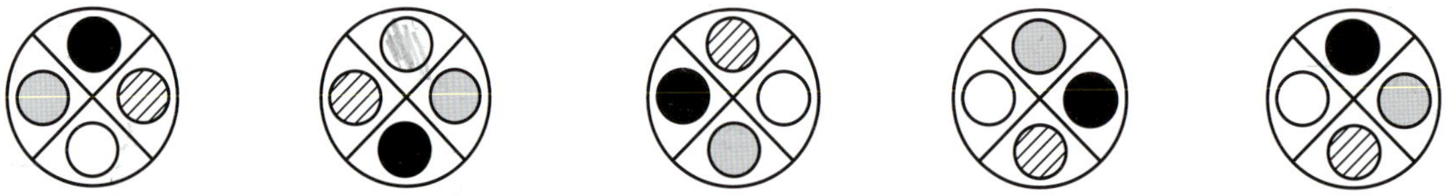

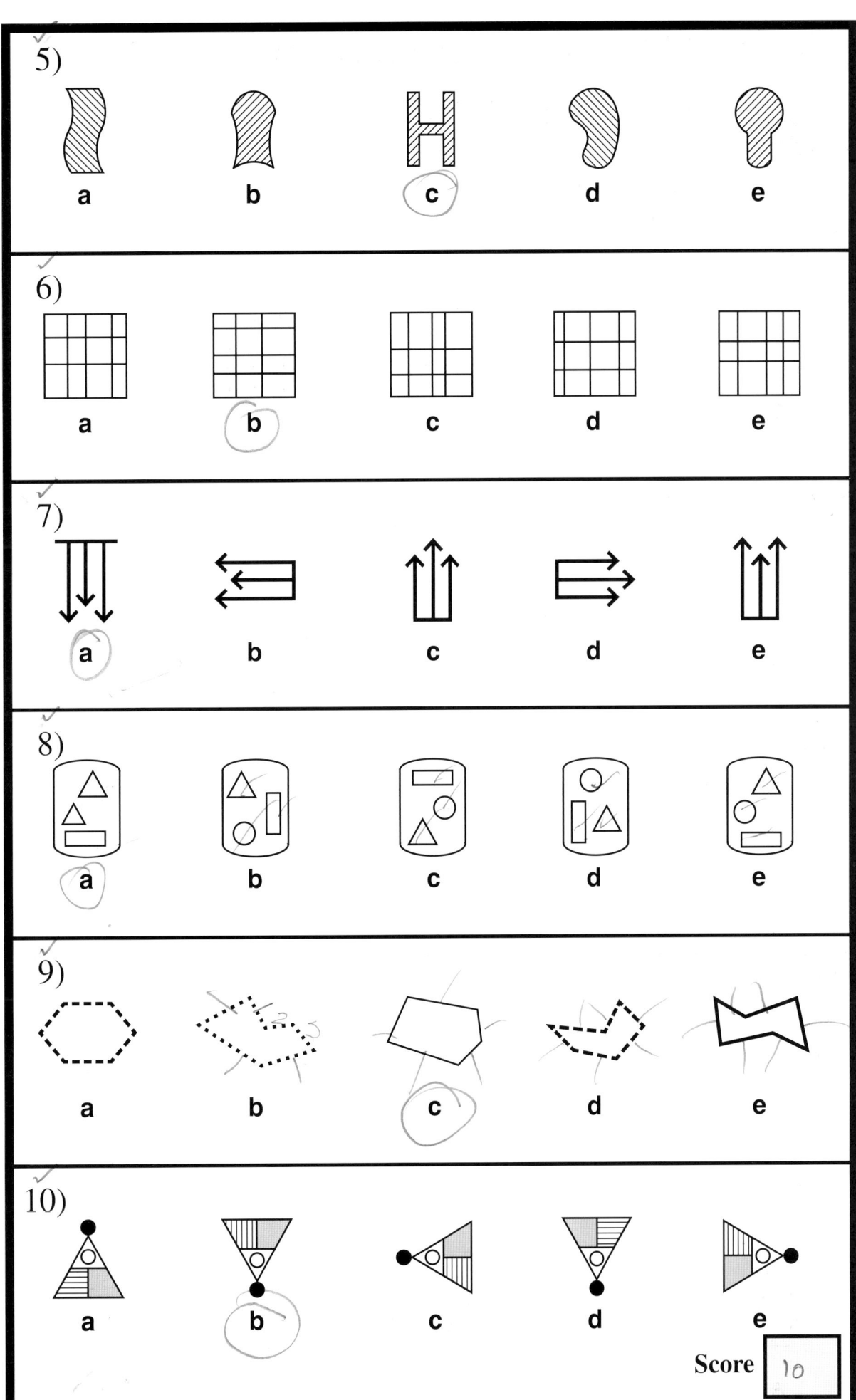

Non-verbal Reasoning Test 8
Codes

The following shapes correspond to the codes next to them. You must decide how the code letters go with the shapes and then find the correct code for the Test Shape.

Example

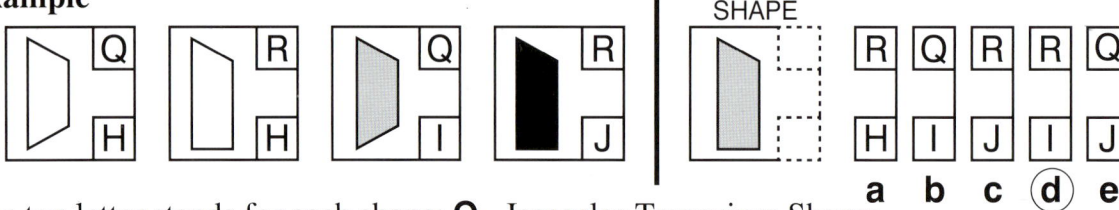

The top letter stands for each shape: **Q** - Isosceles Trapezium Shape; **R** - Ordinary Trapezium Shape. The bottom letter stands for the type of fill: **H** - White Fill; **I** - Grey Fill; **J** - Black Fill. The Answer is **RI**.

Now do the questions below. Circle the correct answer.

16 © 2011 Stephen Curran

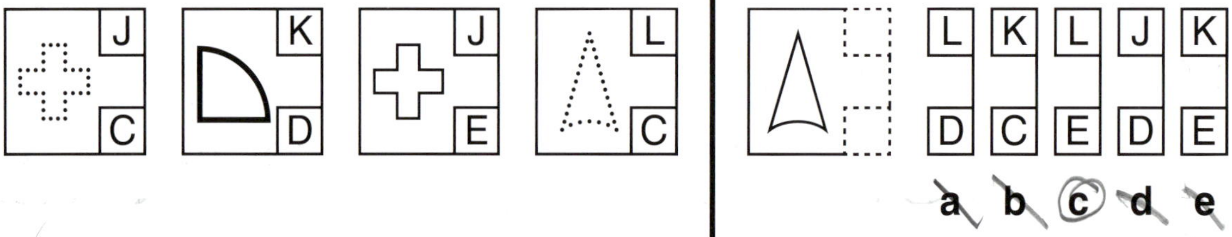

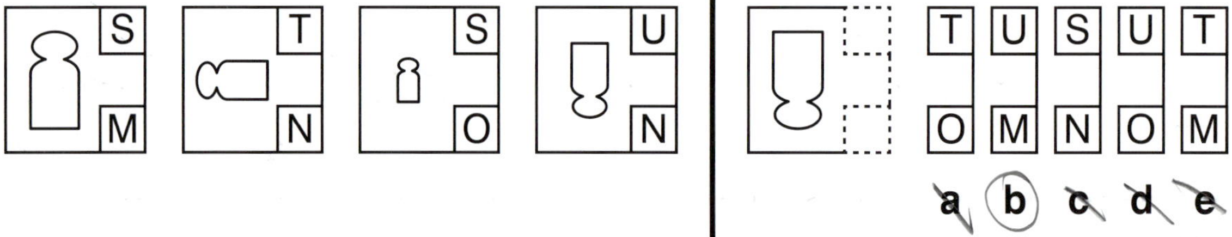

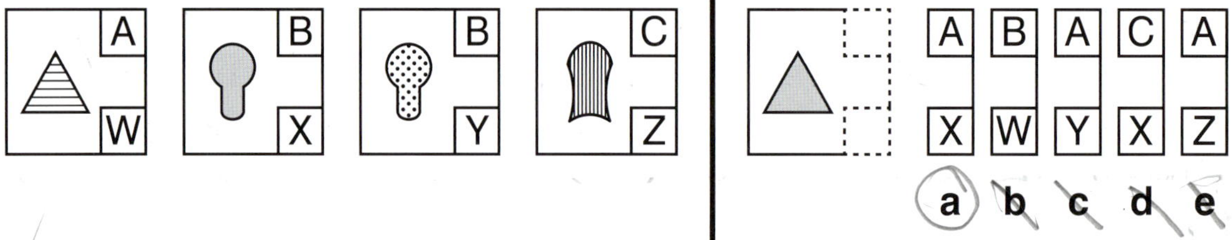

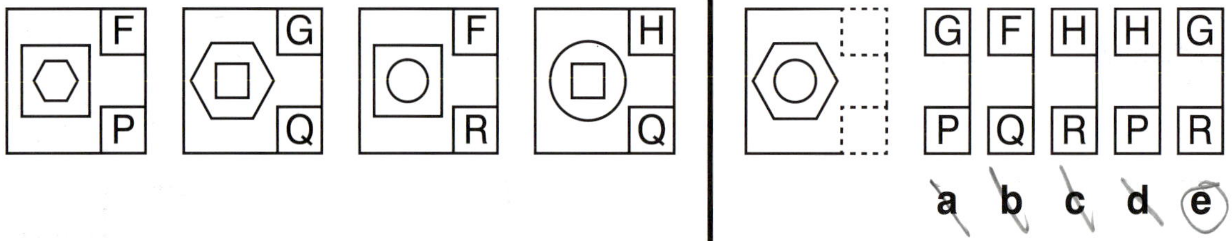

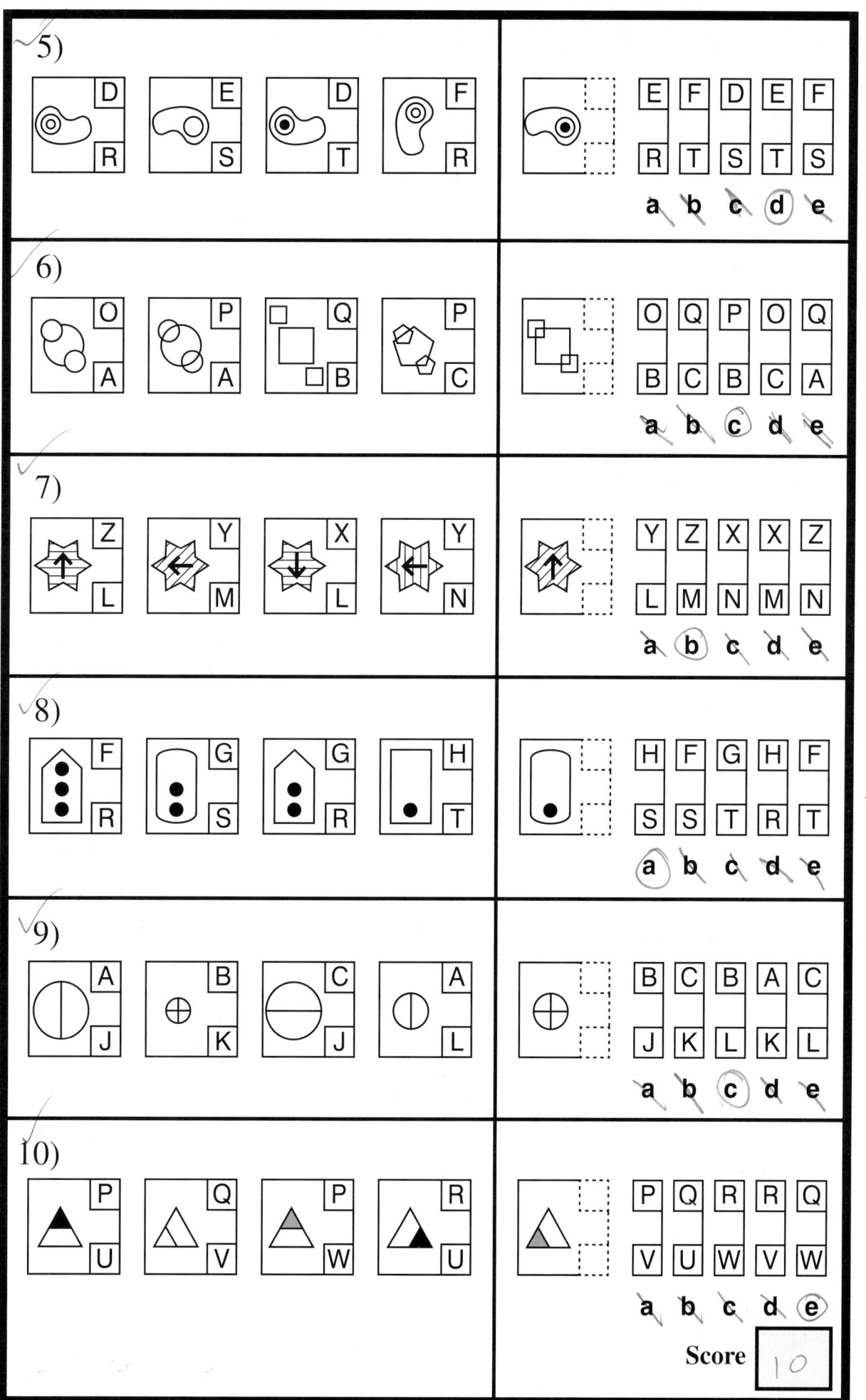

Non-verbal Reasoning Test 9
Analogies

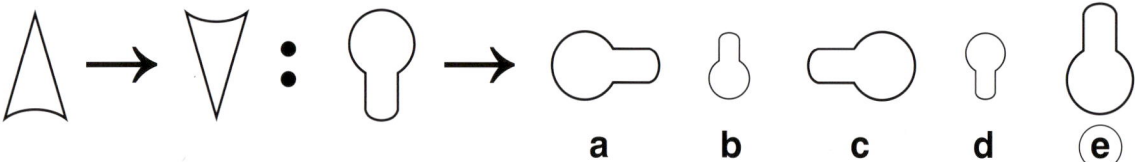

On the left of each row are two shapes with an arrow between them. Decide how the second shape is related to the first. After these there is a third shape, then an arrow and then five more shapes. Decide which of the five shapes goes with the third shape to make a pair like the two shapes on the left.

Example

Now do the questions below. Circle the correct answer.

1)

2)

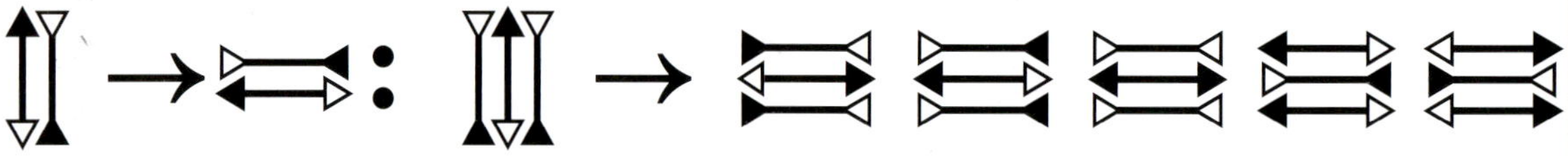

3)

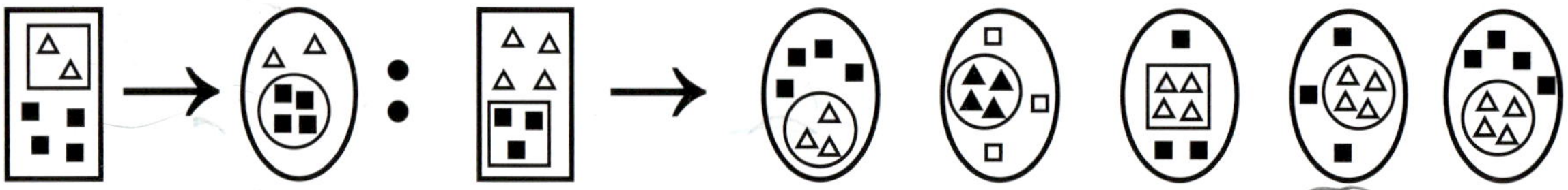

4)

© 2011 Stephen Curran

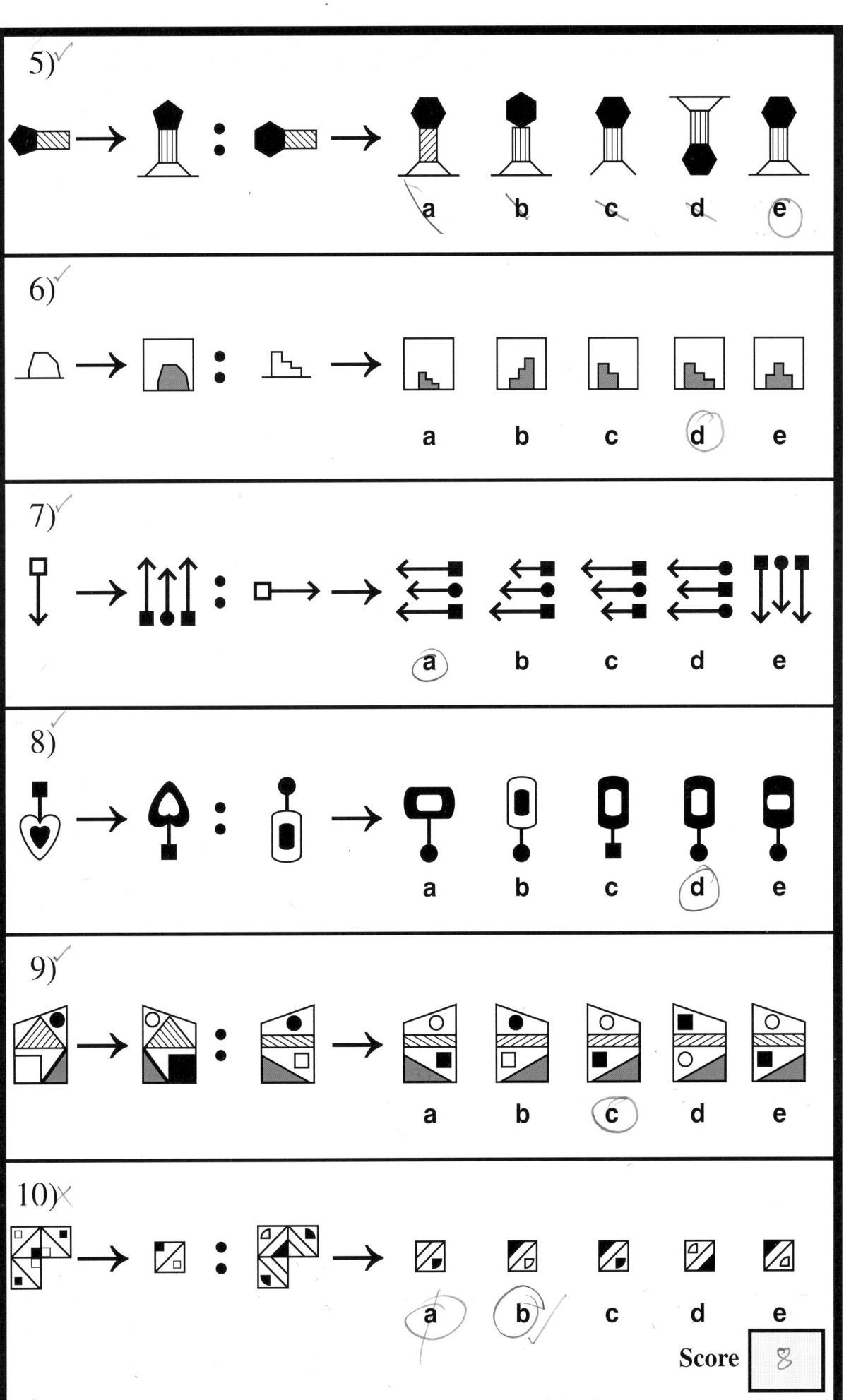

Non-verbal Reasoning Test 10

Similarities

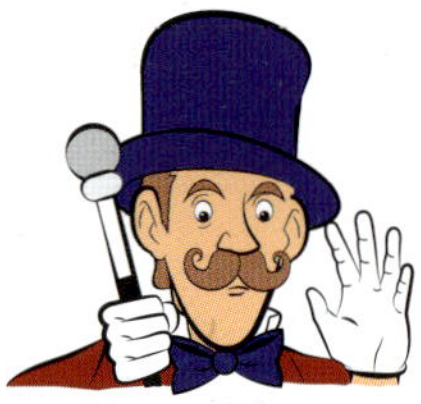

On the left of each of the rows below there are two figures that are alike. On the right there are five more figures. Find which one of these five is **most like** the two figures on the left.

Example

(a) b c d e

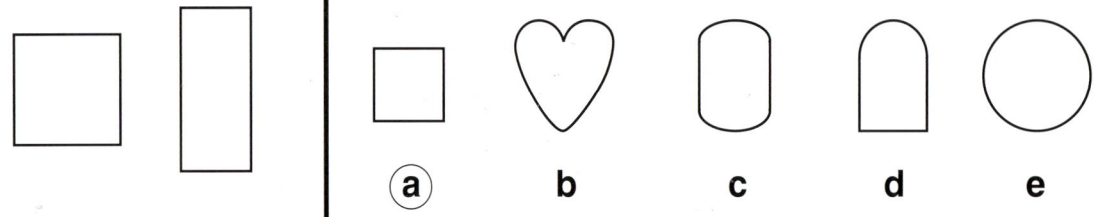

Now do the questions below. Circle the correct answer.

1)

a b c d e

2)

a b c d e

3)

a b c d e

4)

a b c d e

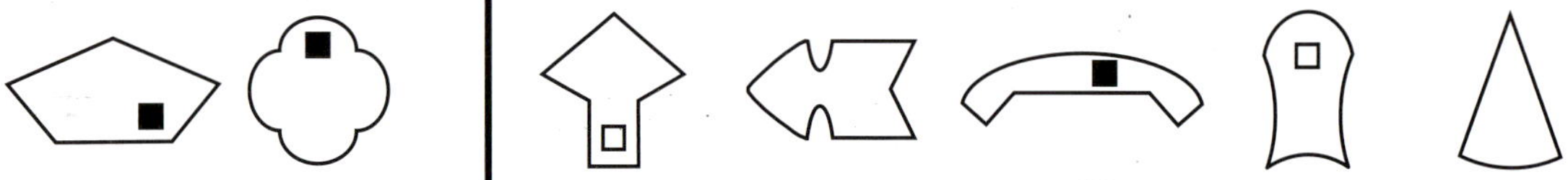

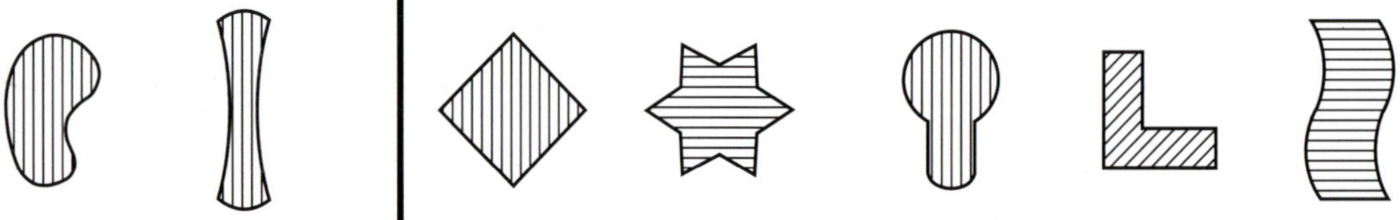

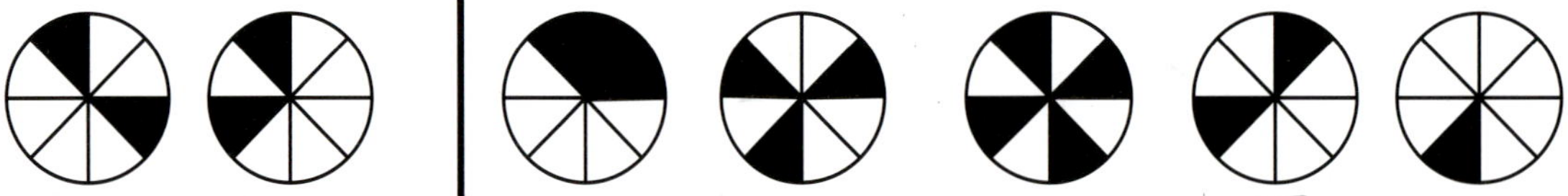

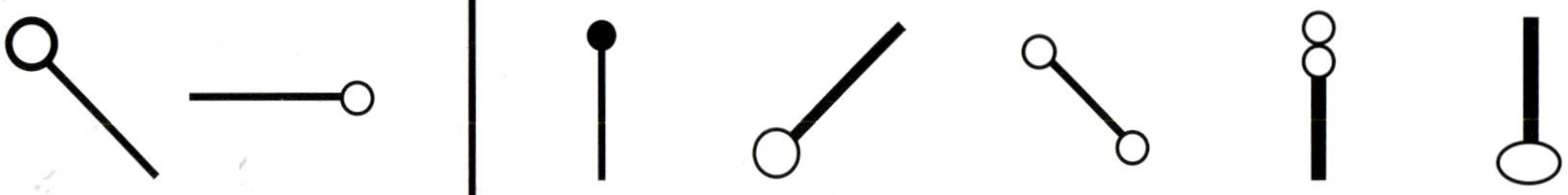

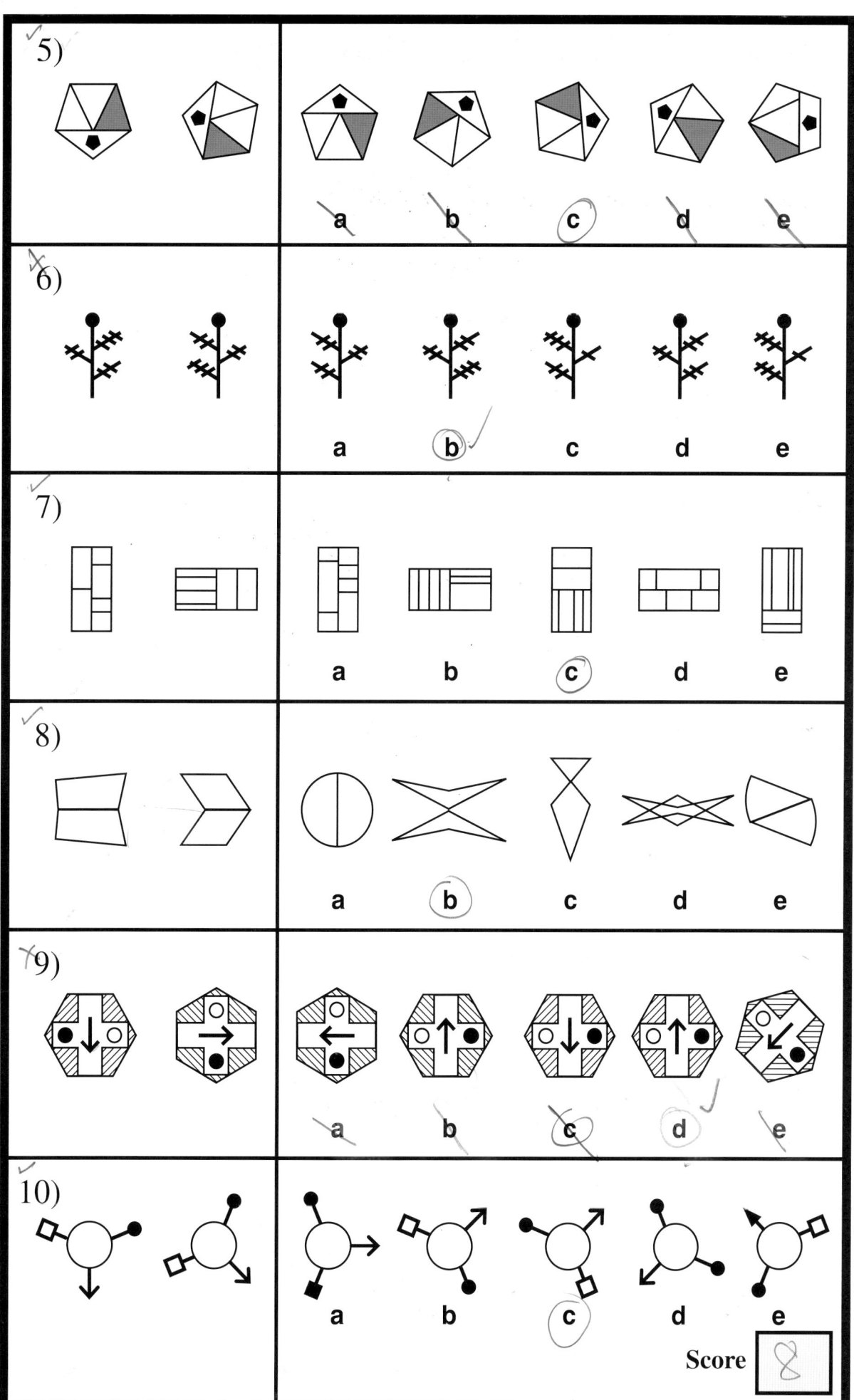

Non-verbal Reasoning Test 11

Series

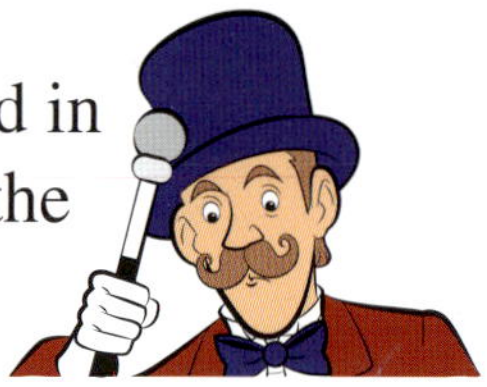

To the left of each of the lines below there are five squares arranged in order. One of these squares has been left empty. Find which one of the five squares on the right should take the place of the empty square.

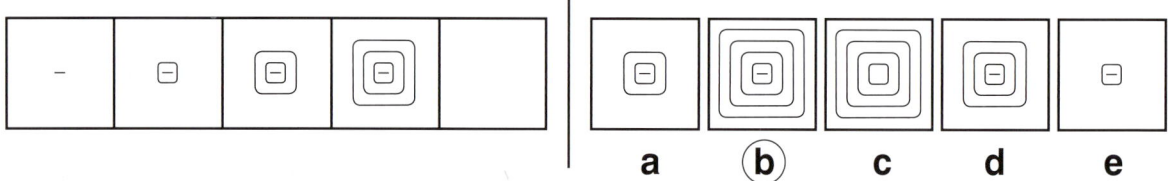

Example

a b c d e

Now do the questions below. Circle the correct answer.

1)

a b c d e

2)

a b c d e

3)

a b c d e

4)

a b c d e

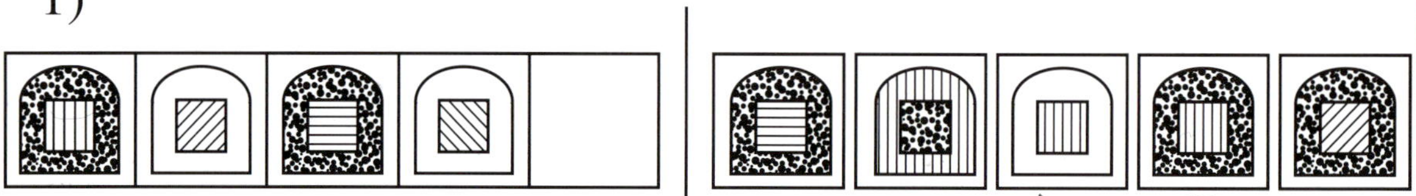

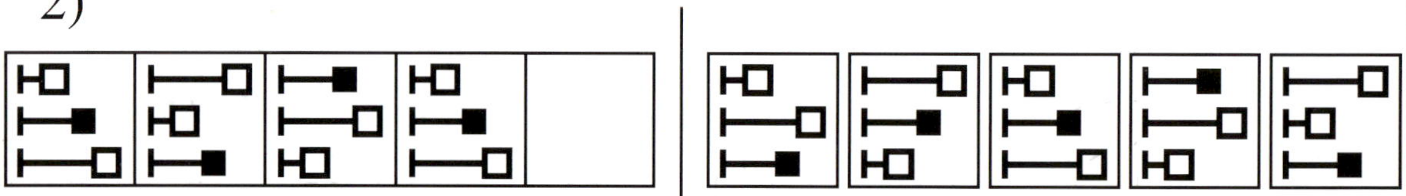

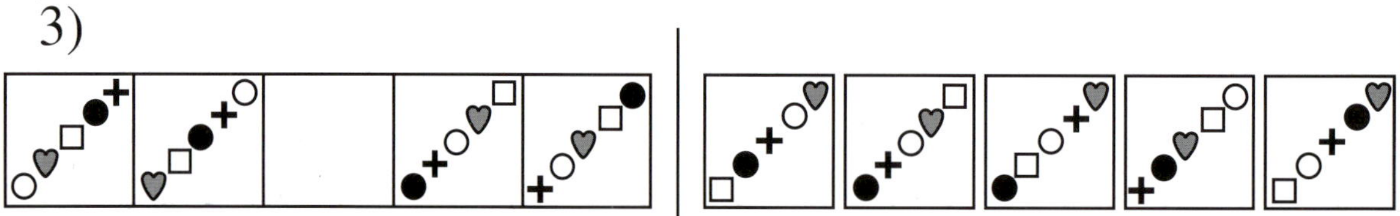

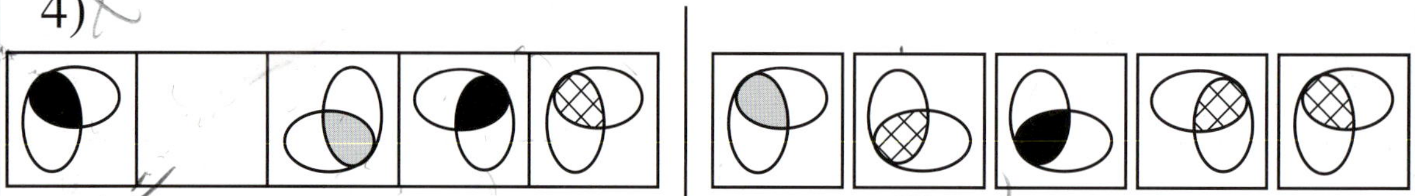

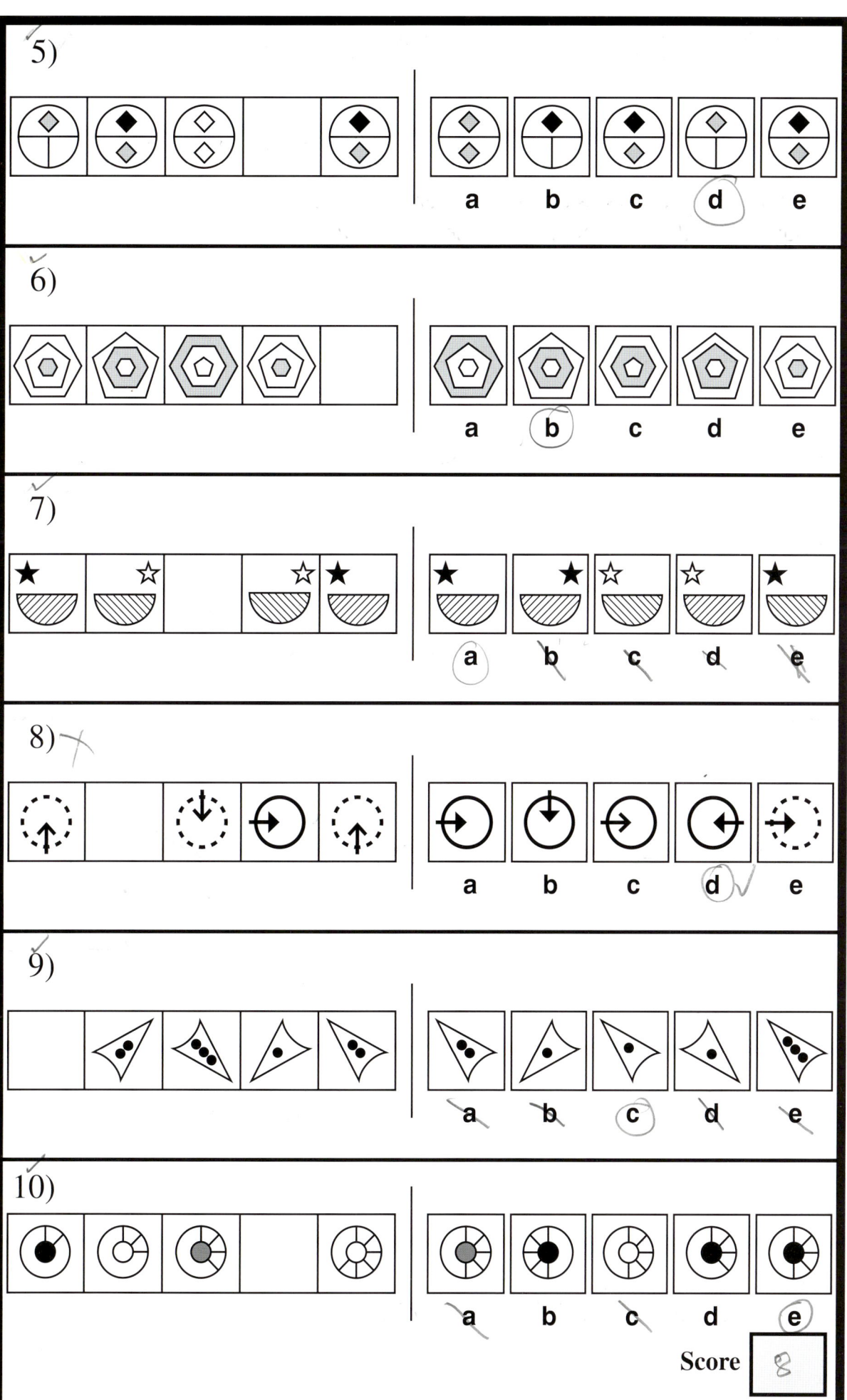

Non-verbal Reasoning Test 12

Matrices

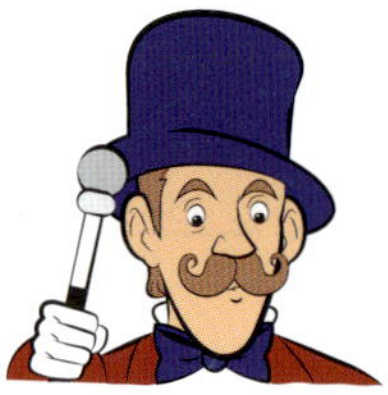

In the big square on the left of each line below, one of the small squares has been left empty. One of the five figures on the right should fill the empty square. Find this figure.

Example

a b c d e

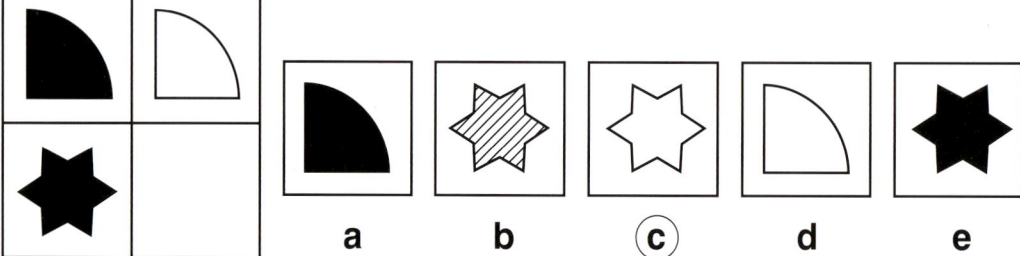

Now do the questions below. Circle the correct answer.

1)

a b c d e

2)

a b c d e

3)

a b c d e

4)

a b c d e

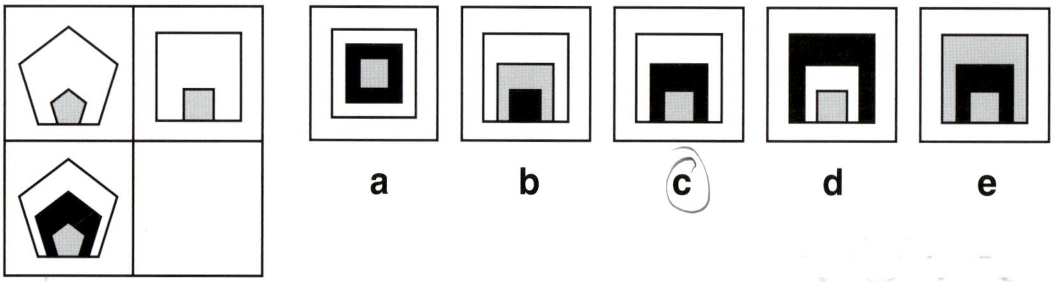

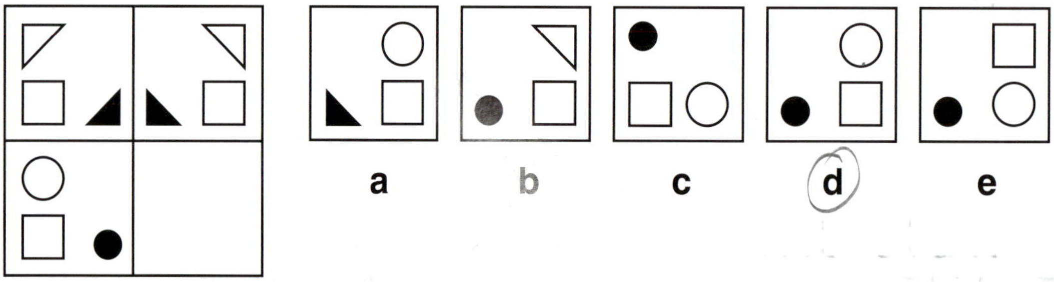

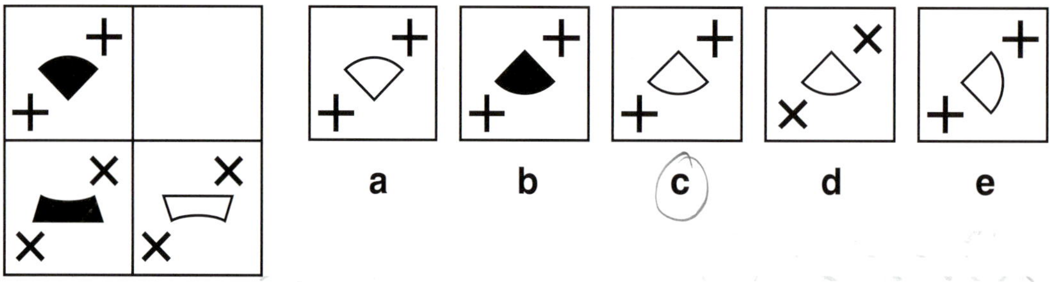

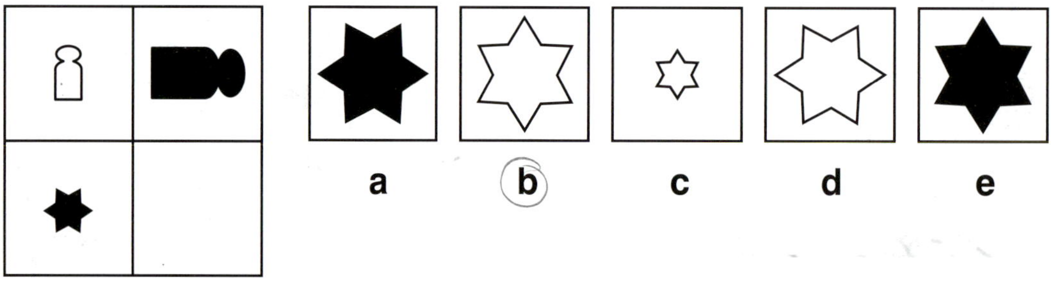

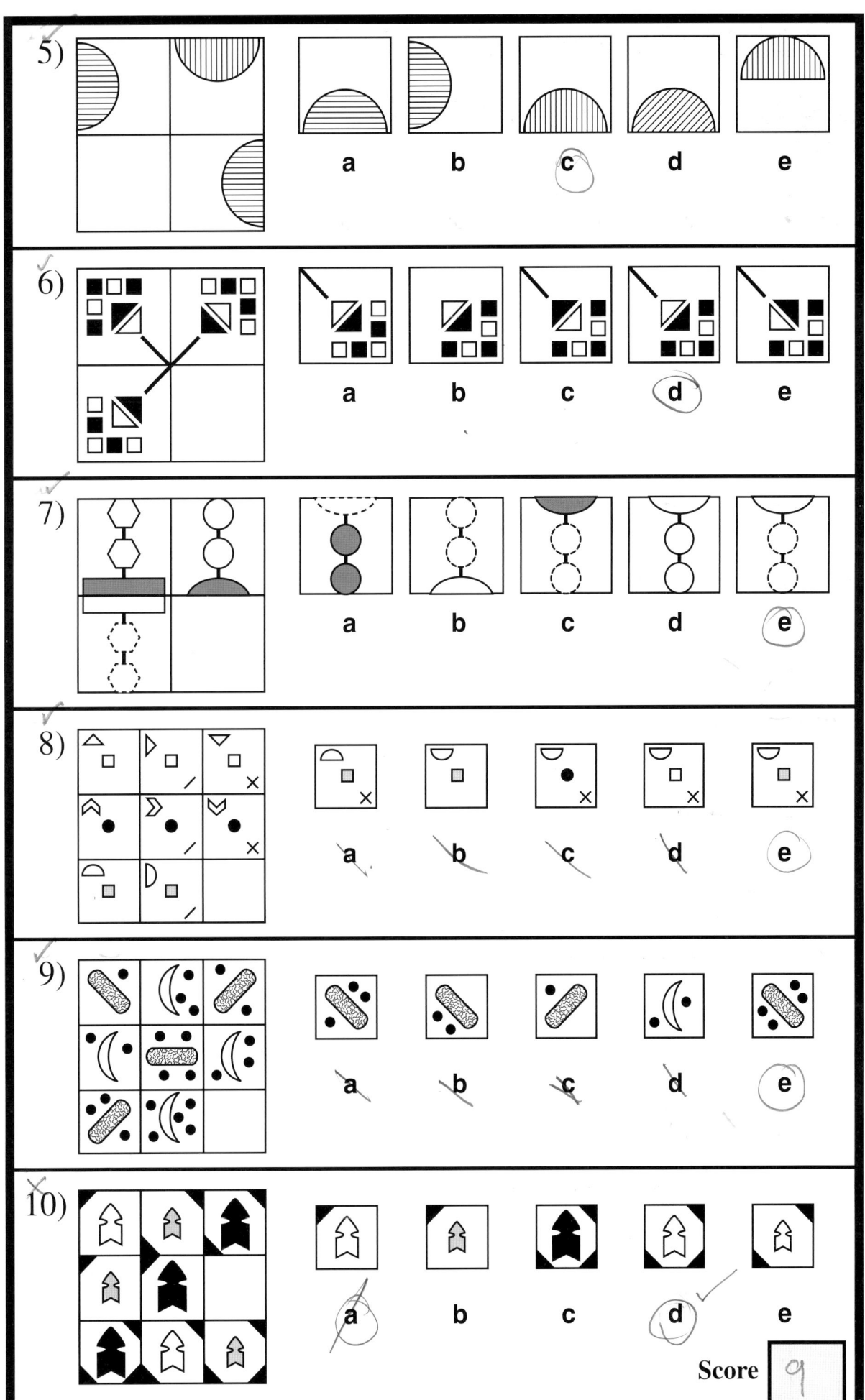

Non-verbal Reasoning Test 13
Odd One Out

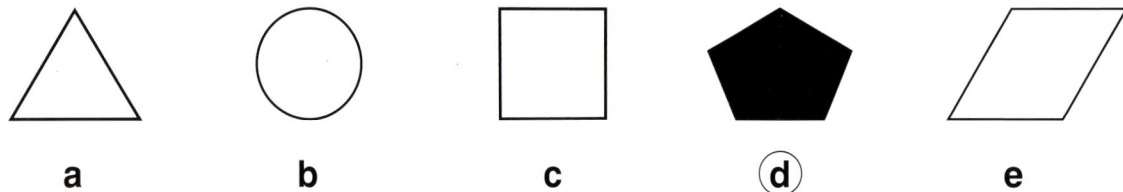

In each of the rows below there are five figures. Find one figure in each row that is **most unlike** the other four.

Example

a   b   c   (d)   e

Now do the questions below. Circle the correct answer.

1) a b c d e

2) a b c d e

3) a b c d e

4) a b c d e

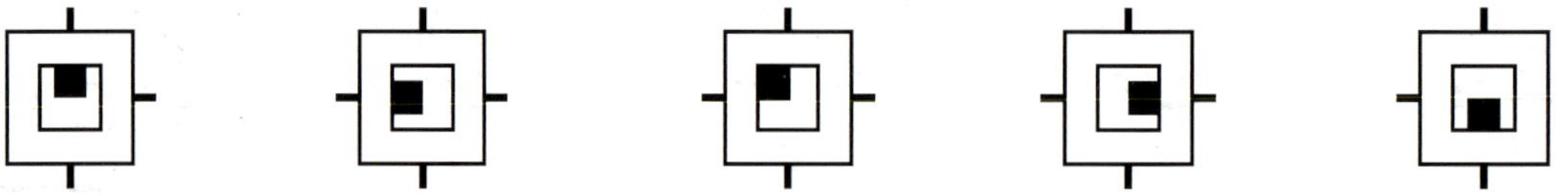

26   © 2011 Stephen Curran

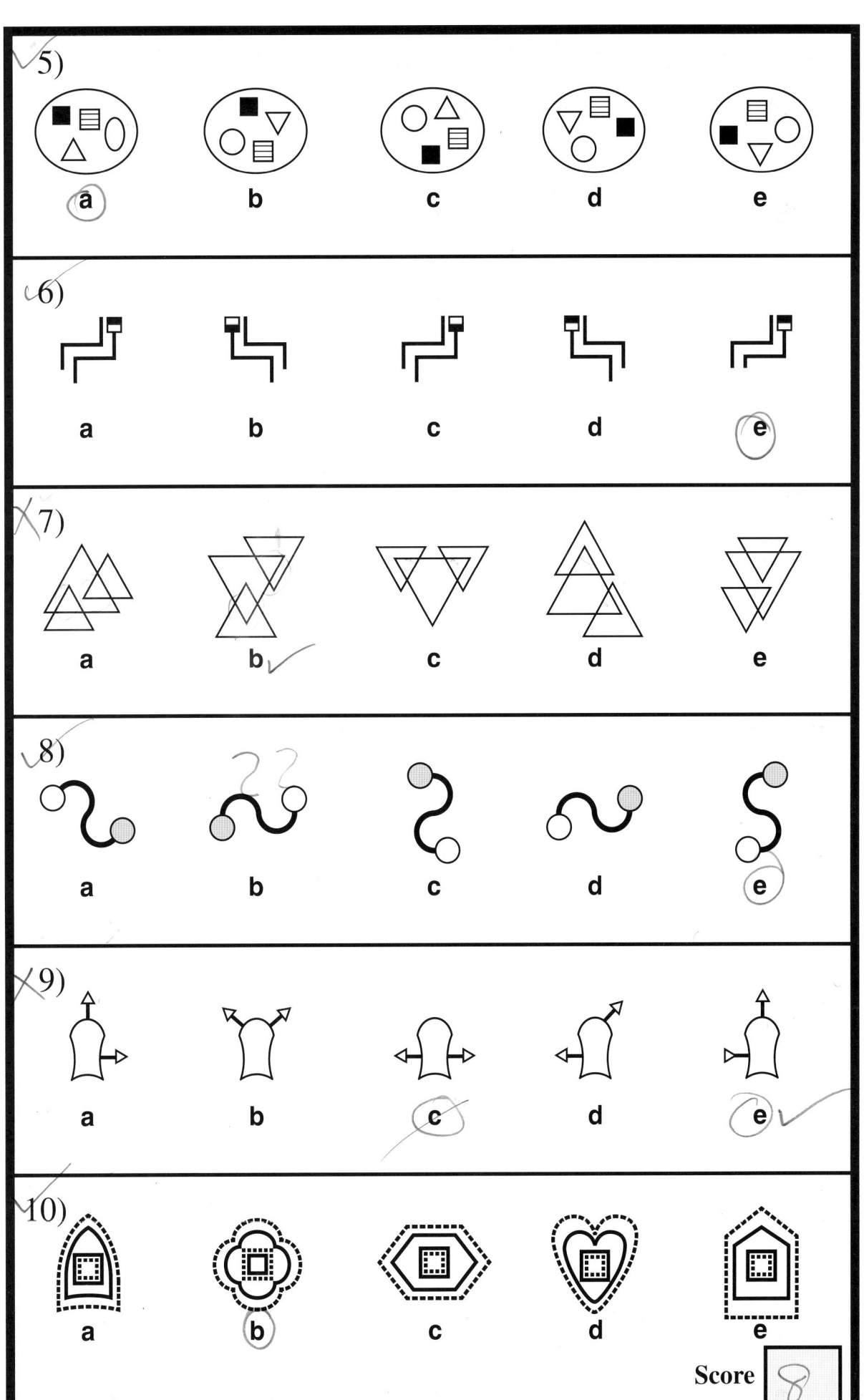

Non-verbal Reasoning Test 14
Codes

The following shapes correspond to the codes next to them. You must decide how the code letters go with the shapes and then find the correct code for the Test Shape.

Example

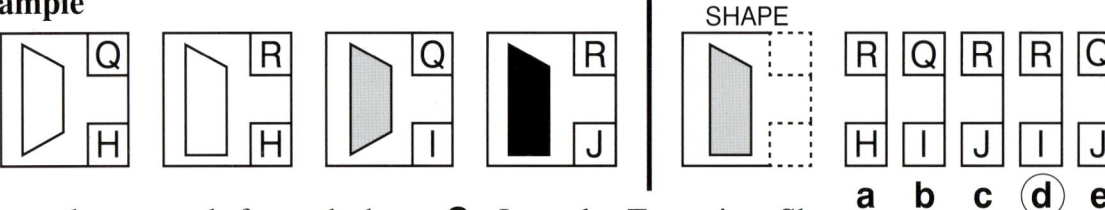

The top letter stands for each shape: **Q** - Isosceles Trapezium Shape; **R** - Ordinary Trapezium Shape. The bottom letter stands for the type of fill: **H** - White Fill; **I** - Grey Fill; **J** - Black Fill. The Answer is **RI**.

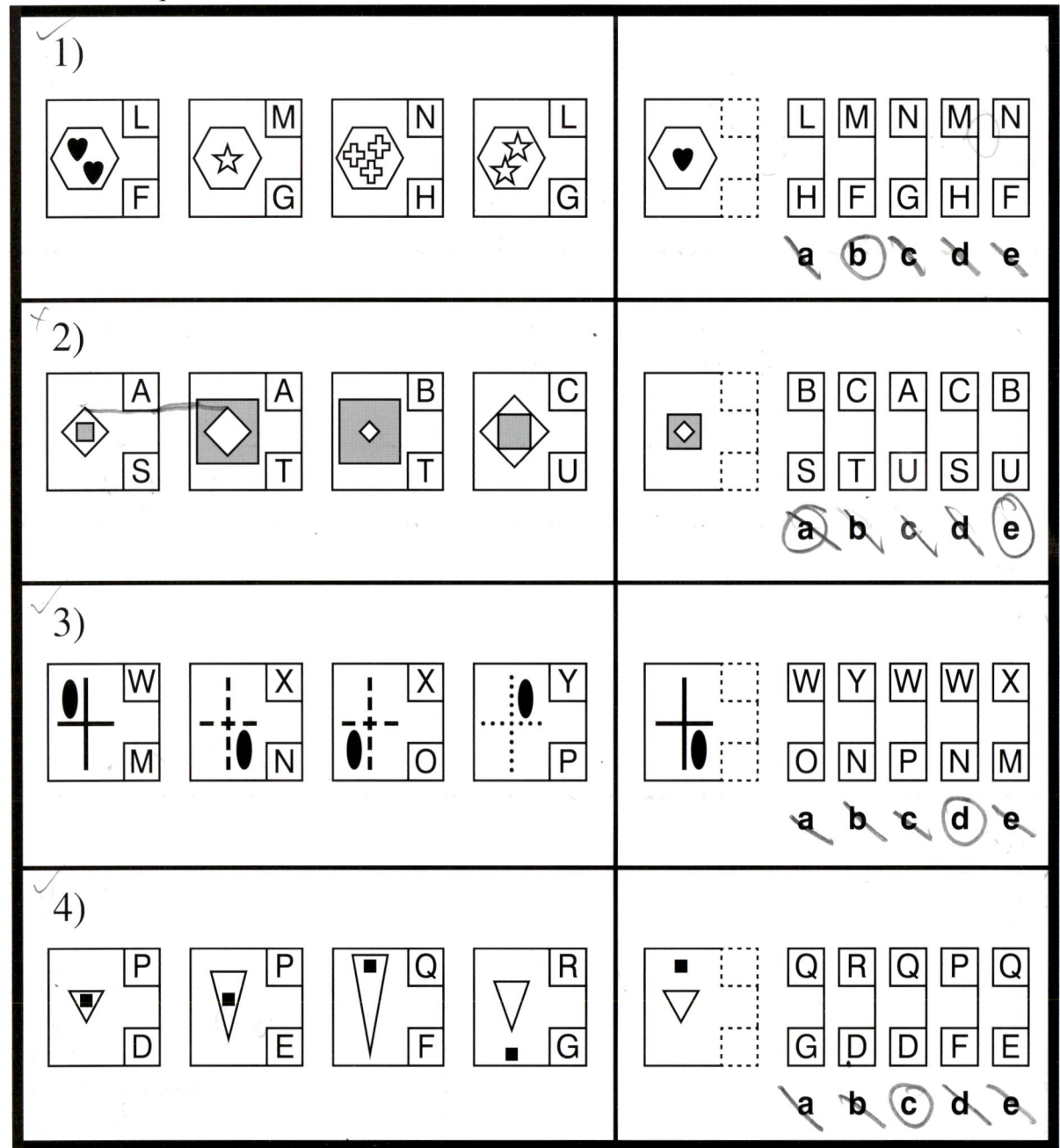

Now do the questions below. Circle the correct answer.

1)

2)

3)

4)

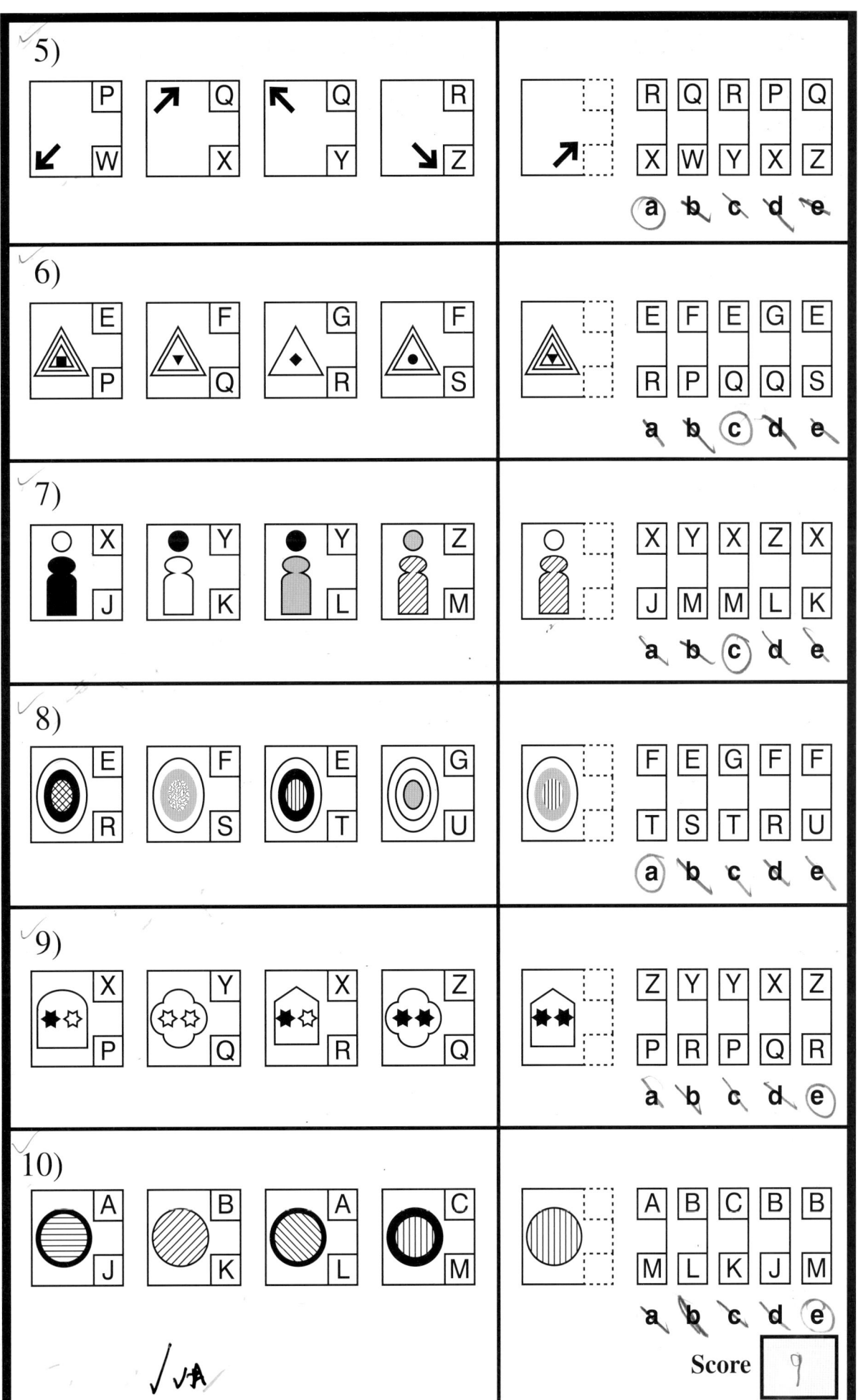

Non-verbal Reasoning Test 15

Analogies

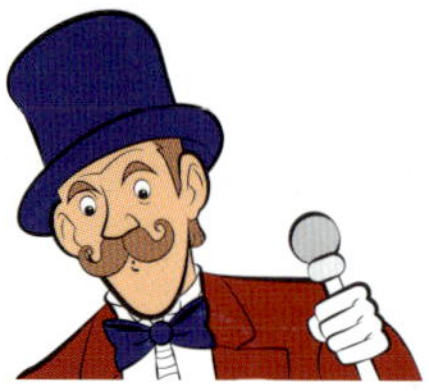

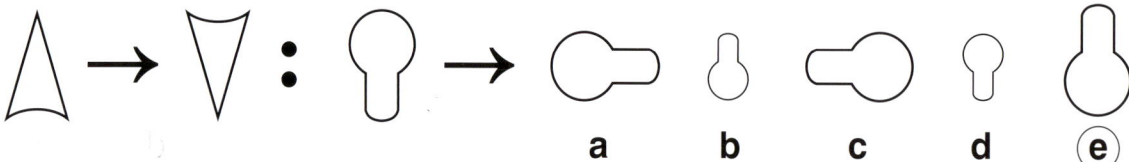

On the left of each row are two shapes with an arrow between them. Decide how the second shape is related to the first. After these there is a third shape, then an arrow and then five more shapes. Decide which of the five shapes goes with the third shape to make a pair like the two shapes on the left.

Example

a b c d e

Now do the questions below. Circle the correct answer.

1)

a b c d e

2)

a b c d e

3)

a b c d e

4)

a b c d e

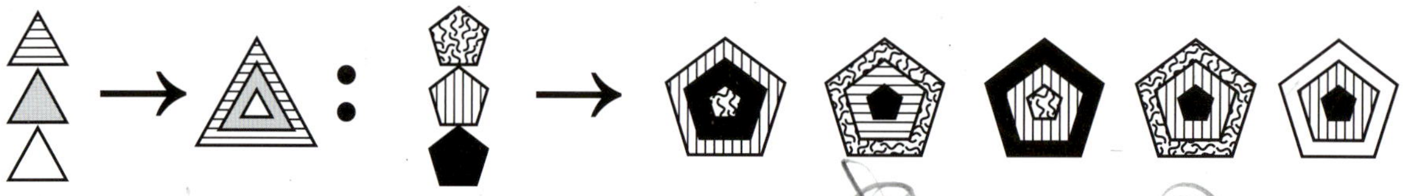

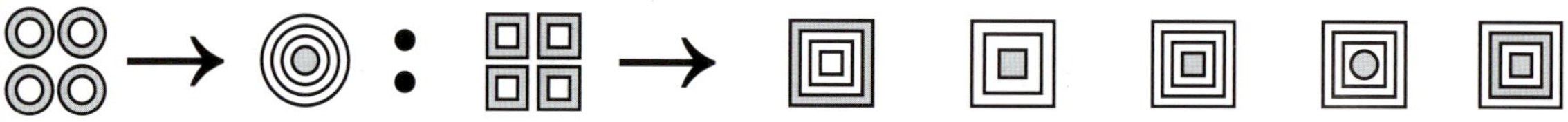

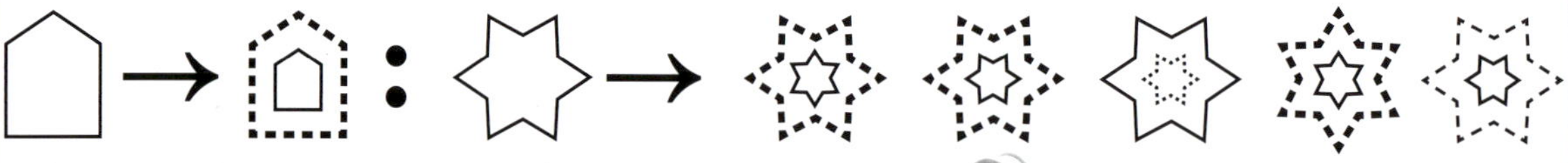

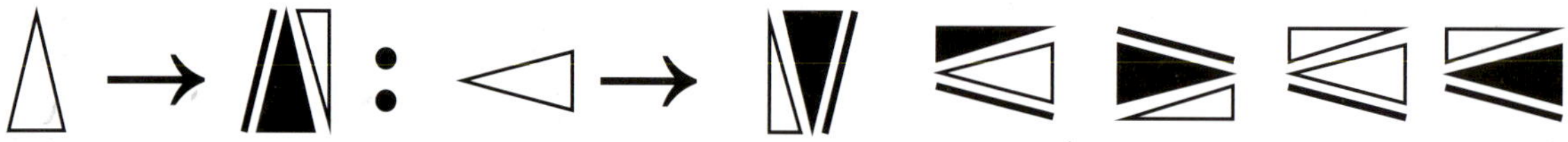

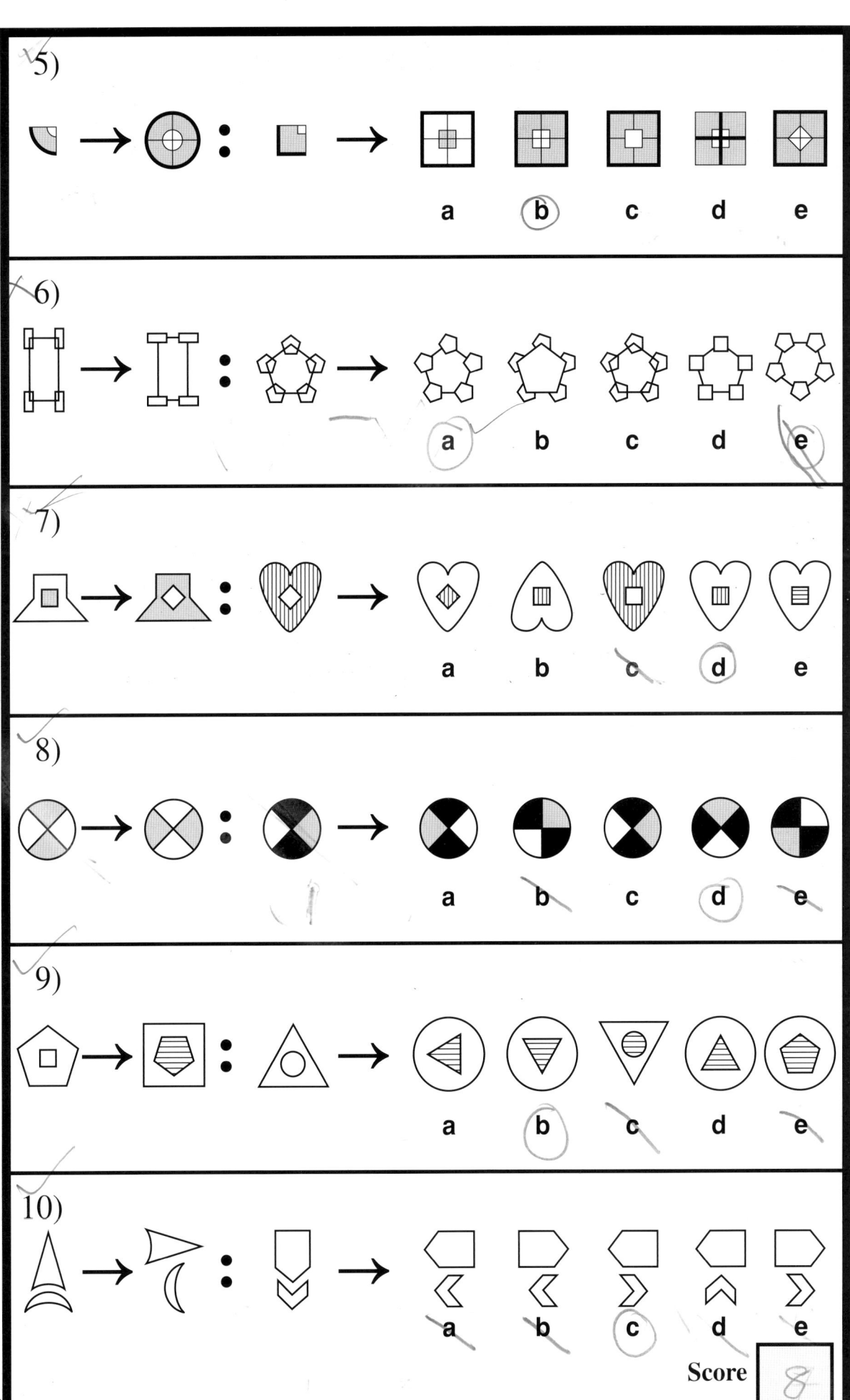

Non-verbal Reasoning Test 16

Similarities

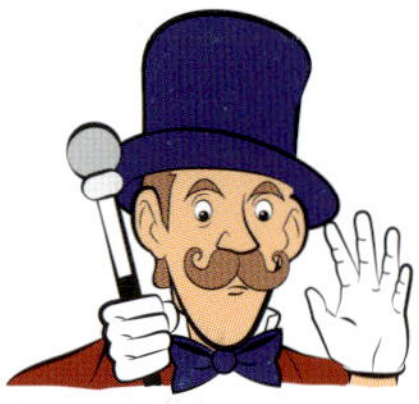

On the left of each of the rows below there are two figures that are alike. On the right there are five more figures. Find which one of these five is **most like** the two figures on the left.

Example

a b c d e

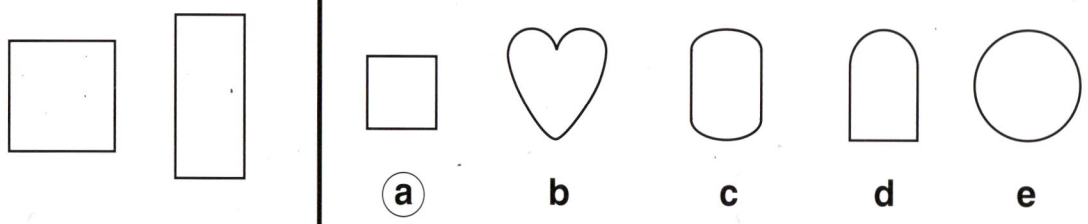

Now do the questions below. Circle the correct answer.

1)

a b c d e

2)

a b c d e

3)

a b c d e

4)

a b c d e

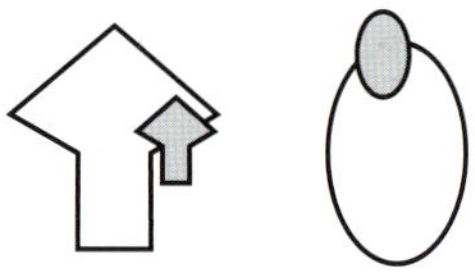

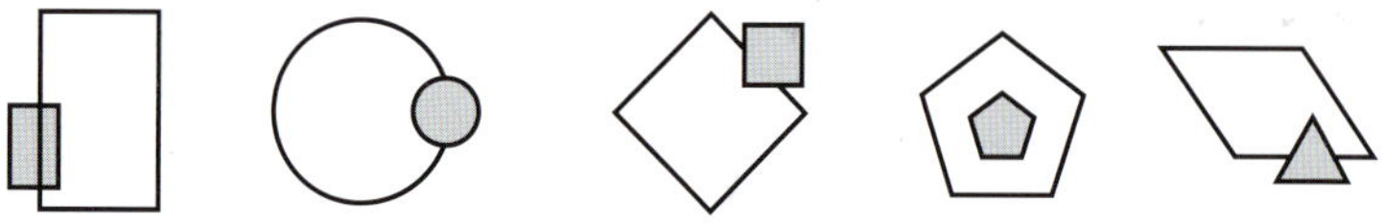

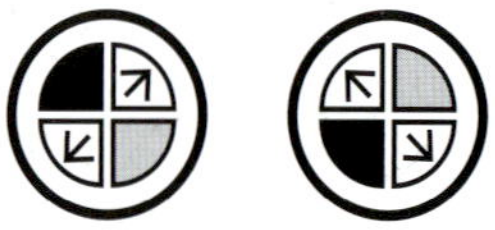

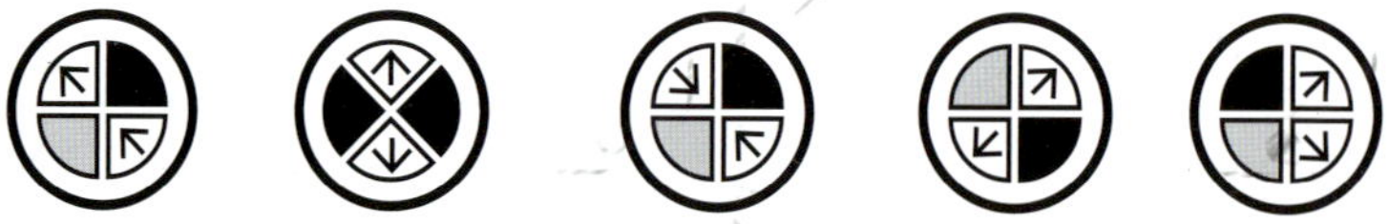

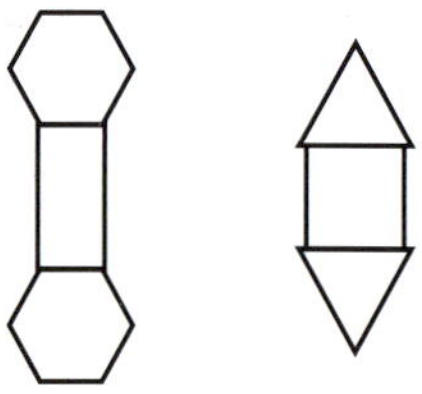

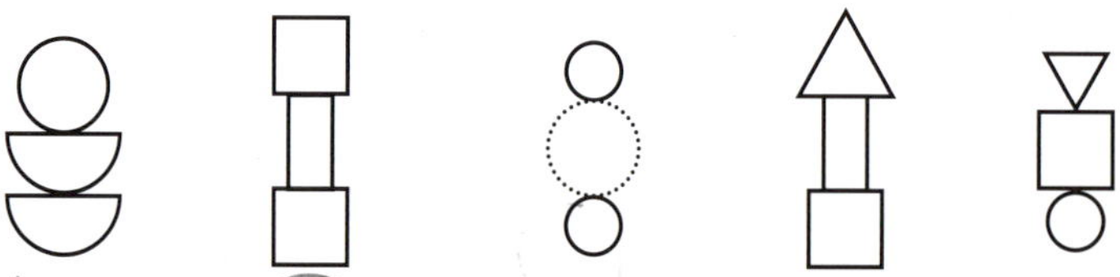

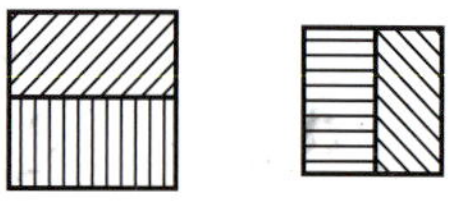

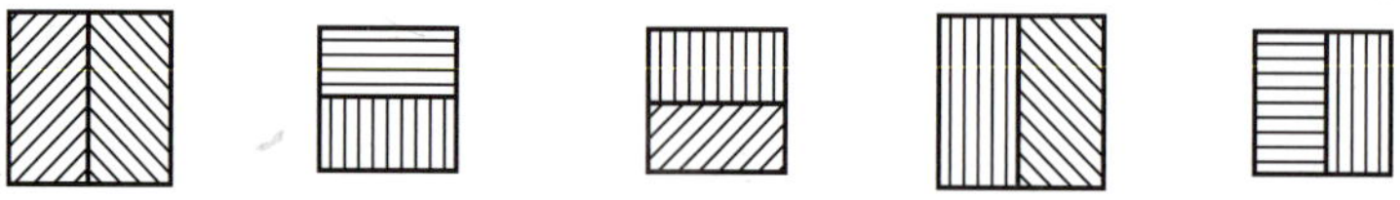

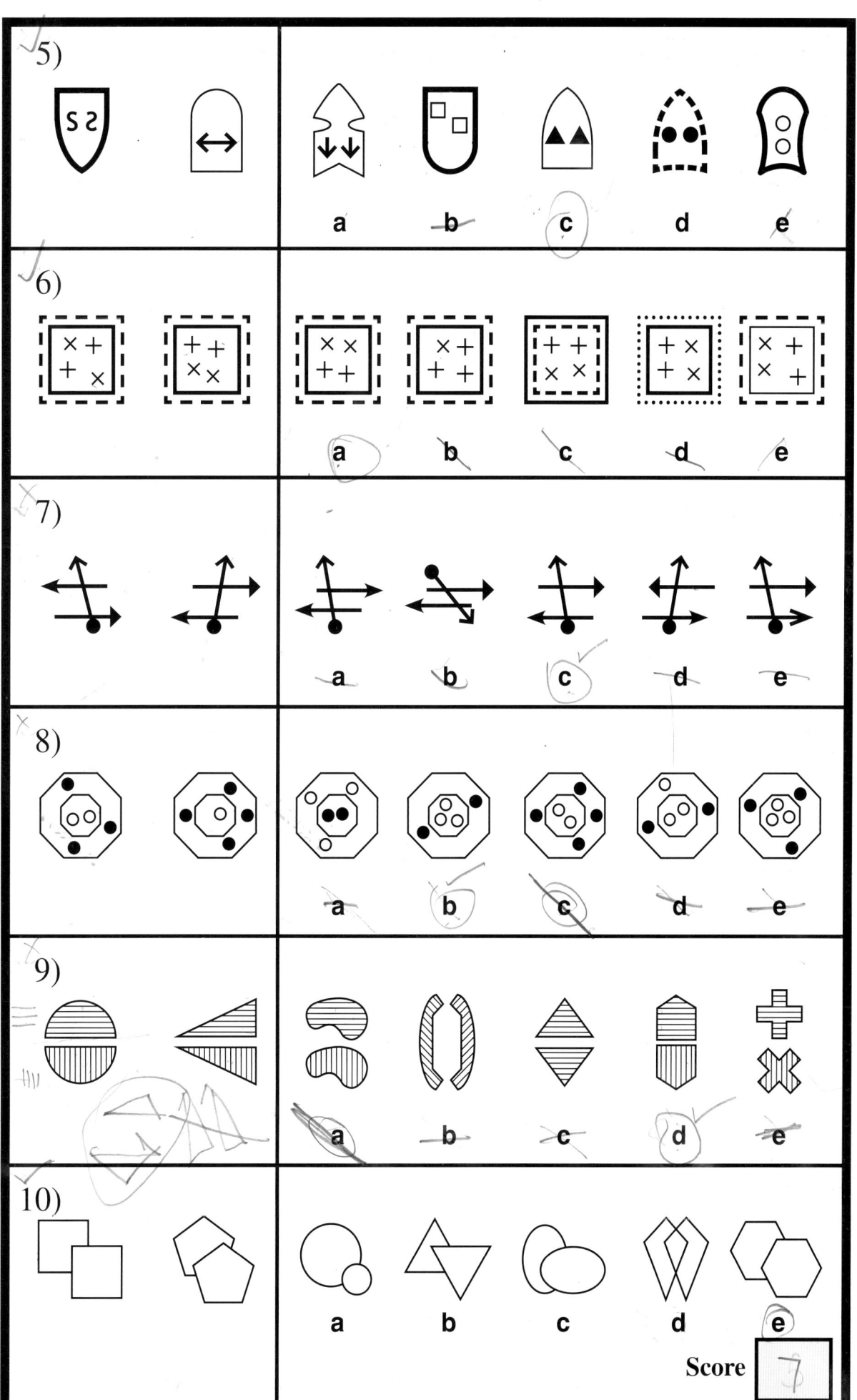

Non-verbal Reasoning Test 17

Series

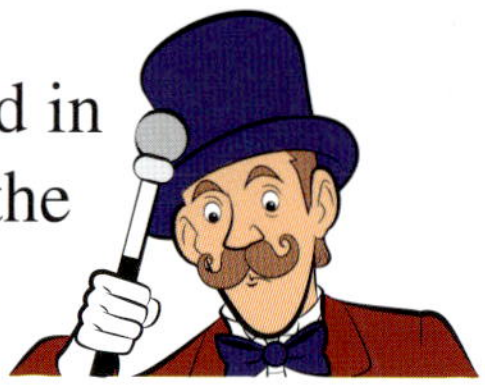

To the left of each of the lines below there are five squares arranged in order. One of these squares has been left empty. Find which one of the five squares on the right should take the place of the empty square.

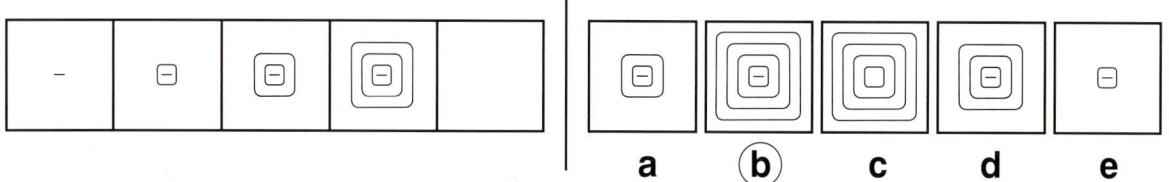

Example

a (b) c d e

Now do the questions below. Circle the correct answer.

1)

a b c d e

2)

a b c d e

3)

a b c d e

4)

a b c d e

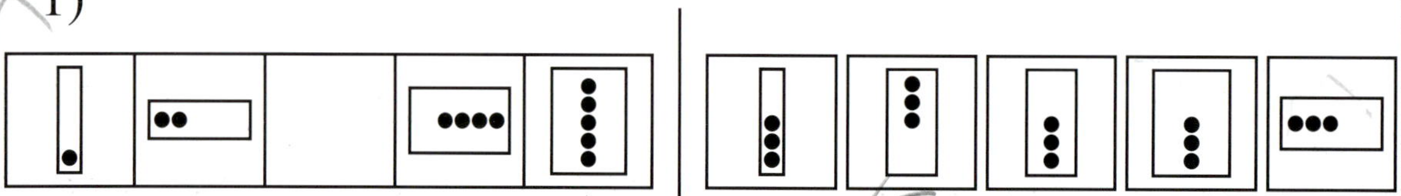

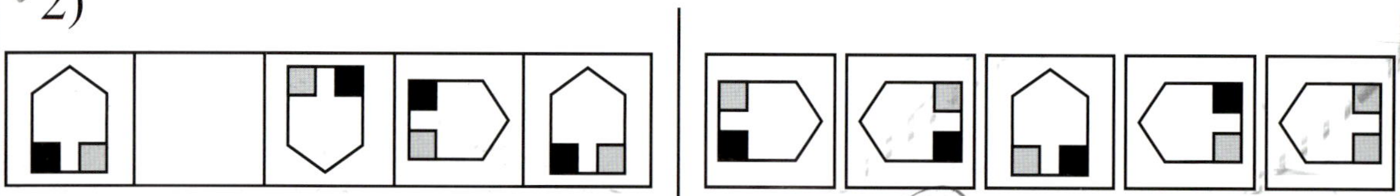

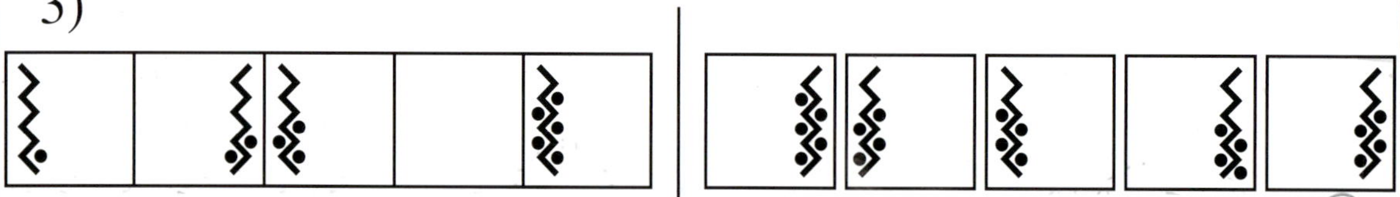

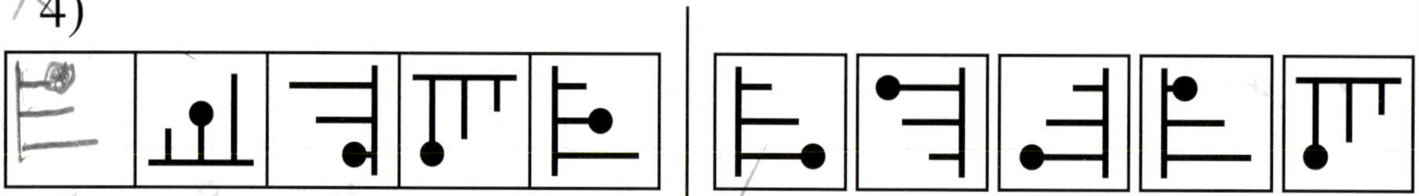

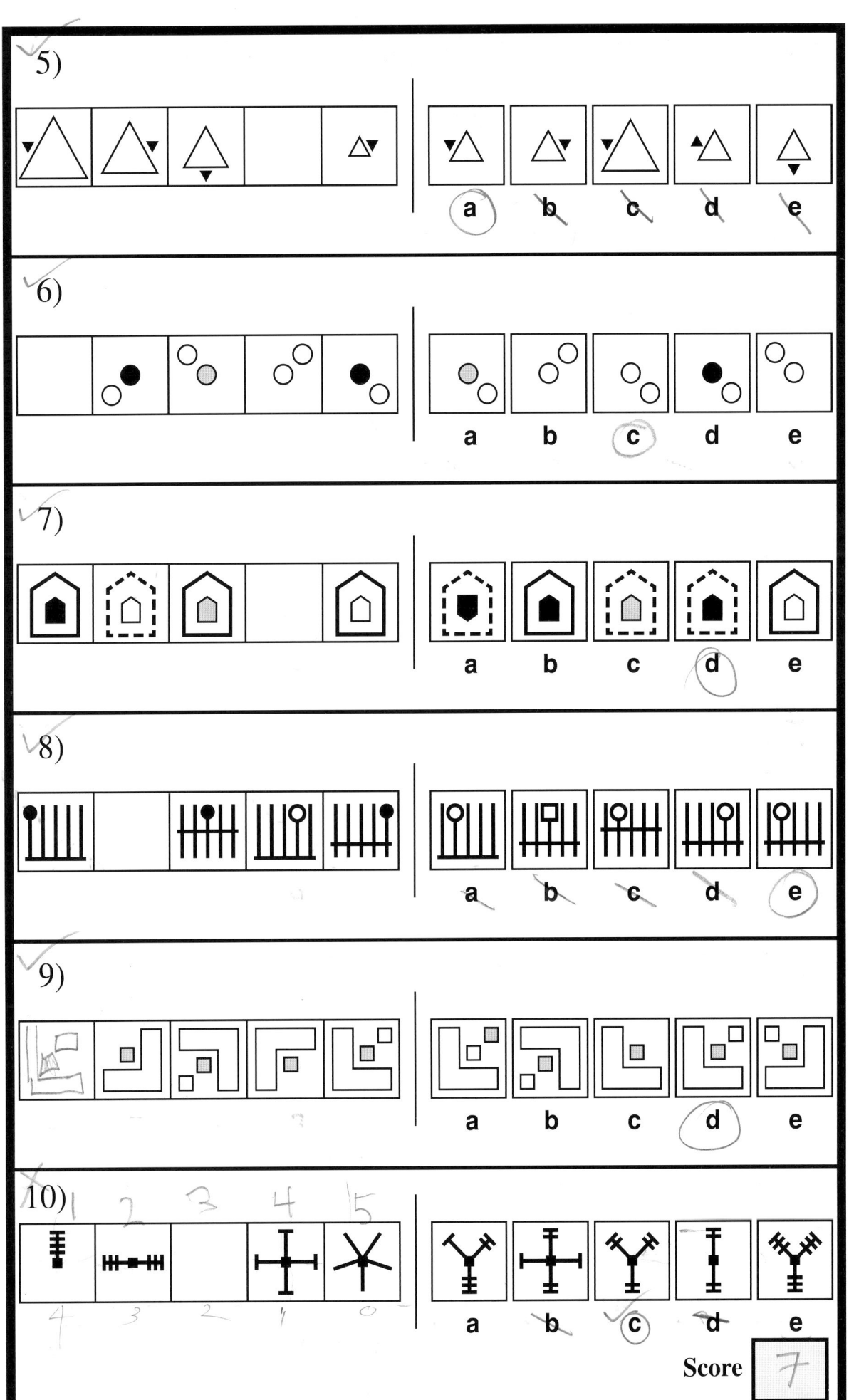

Non-verbal Reasoning Test 18

Matrices

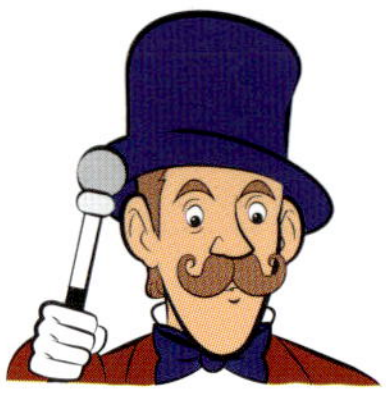

In the big square on the left of each line below, one of the small squares has been left empty. One of the five figures on the right should fill the empty square. Find this figure.

Example

a b c d e

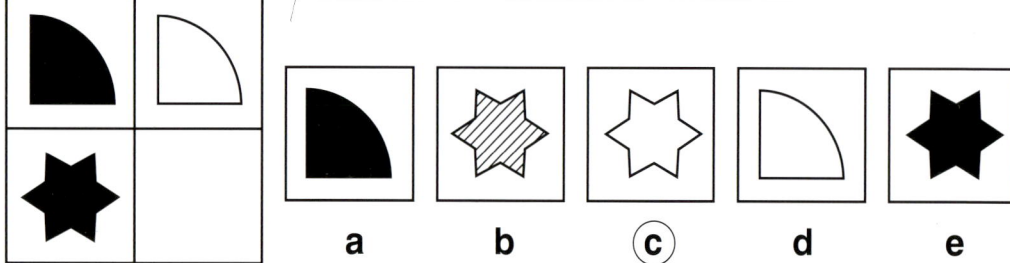

Now do the questions below. Circle the correct answer.

1)

a b c d e

2)

a b c d e

3)

a b c d e

4)

a b c d e

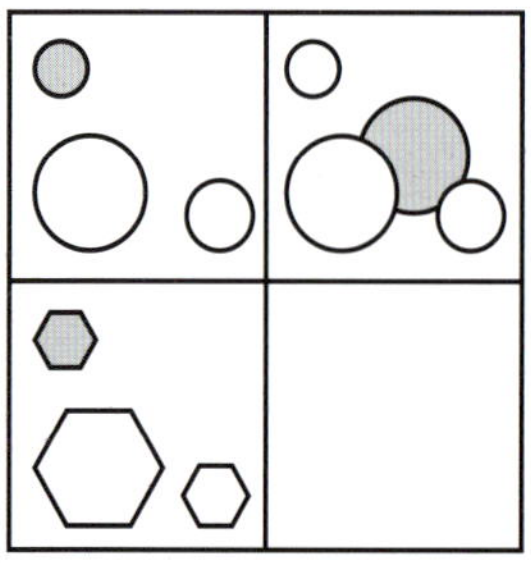

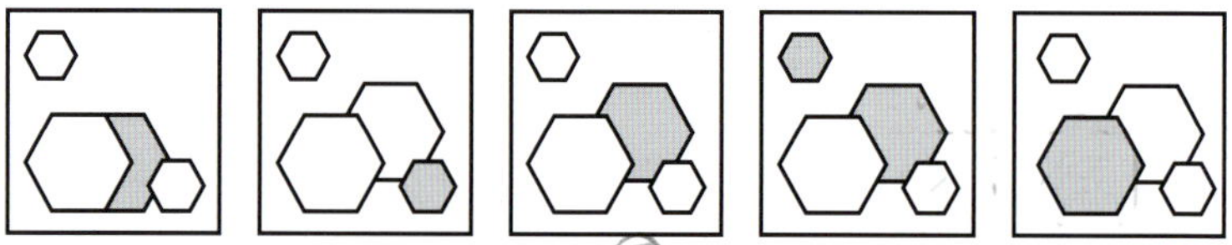

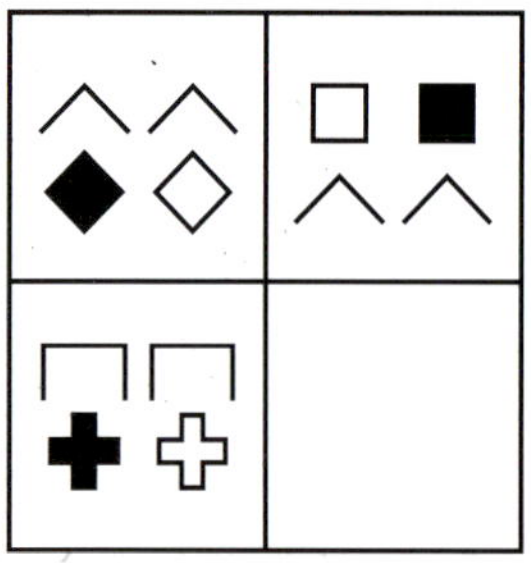

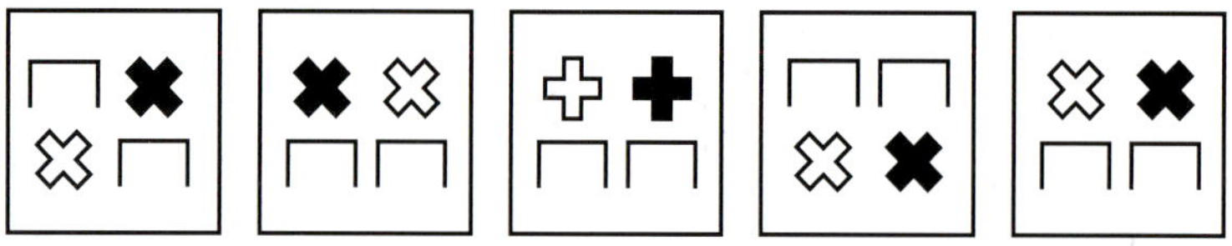

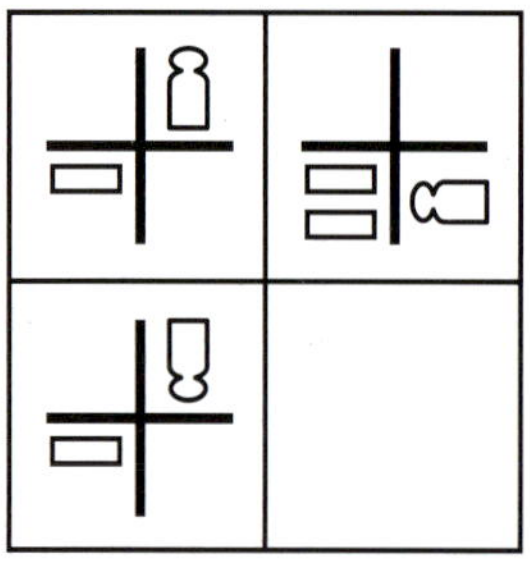

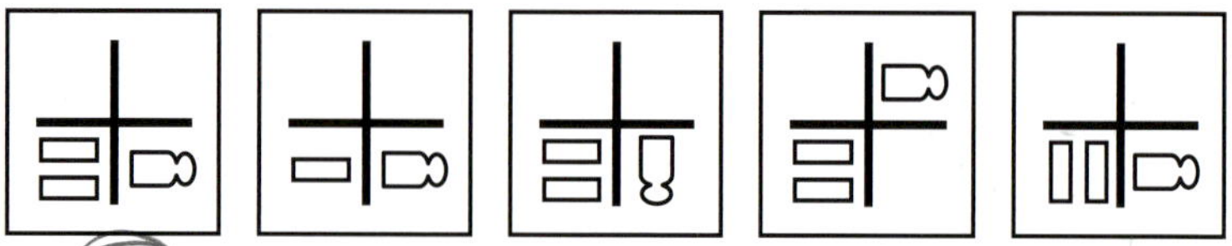

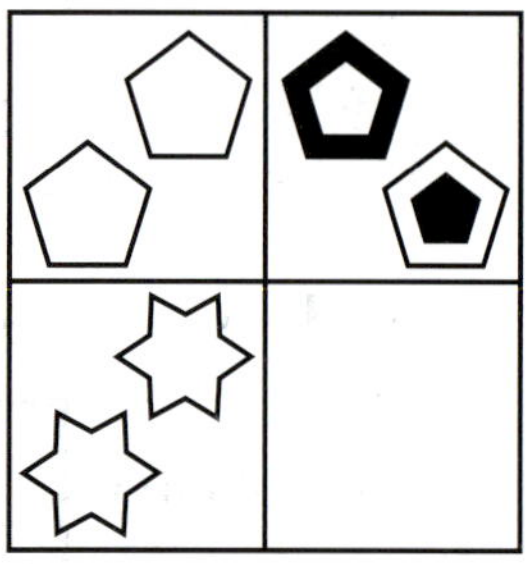

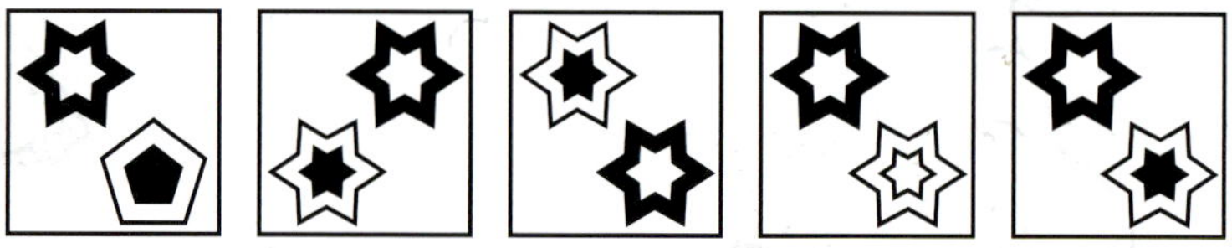

5) e
6) b
7) c
8) a
9) e
10) d

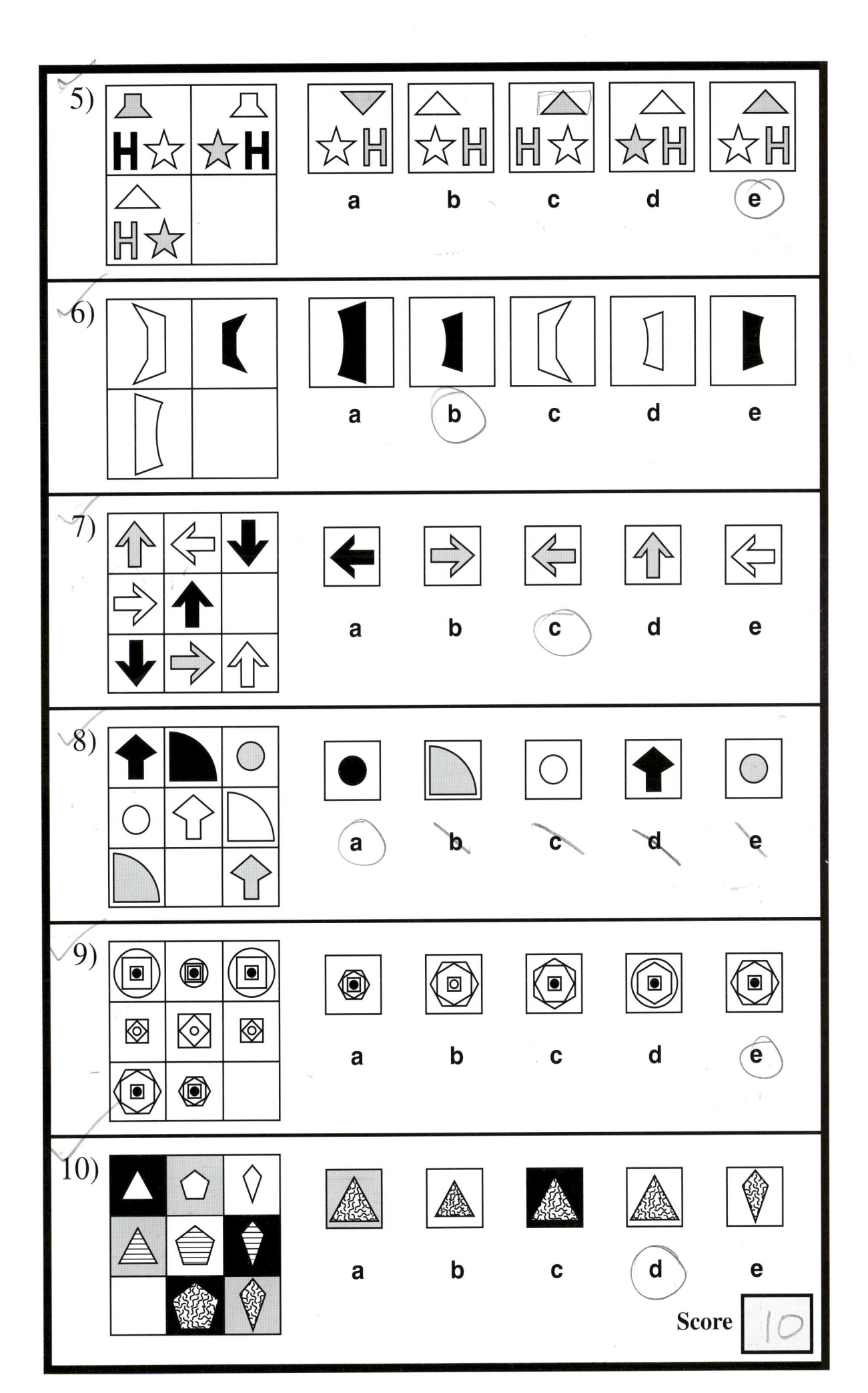

Score 10

Non-verbal Reasoning Test 19
Odd One Out

In each of the rows below there are five figures. Find one figure in each row that is **most unlike** the other four.

Example

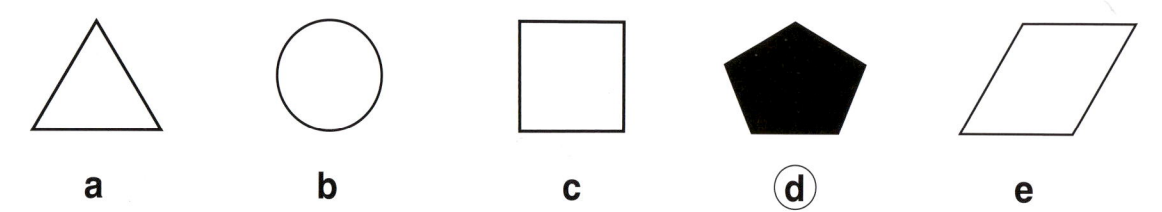

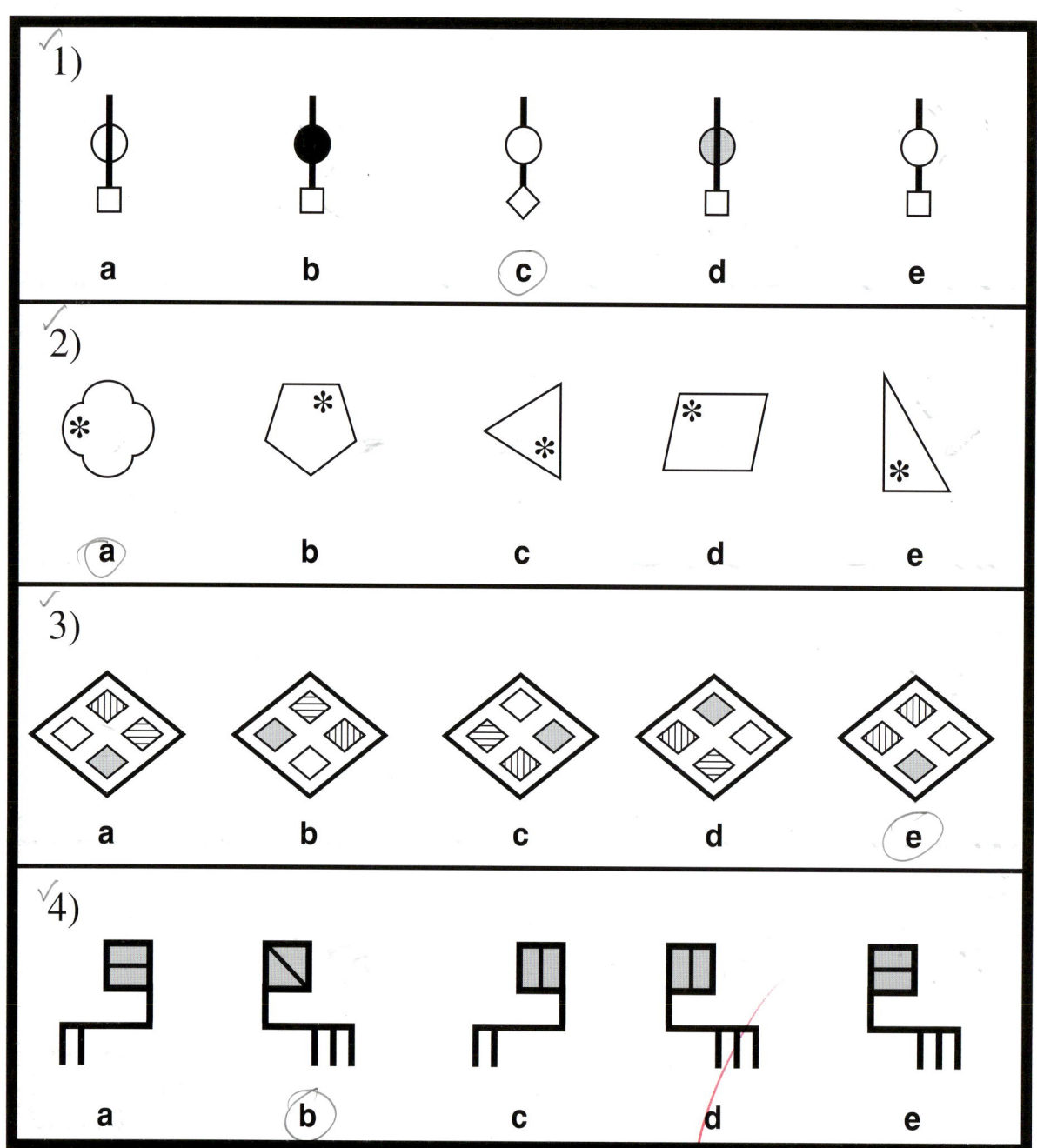

Now do the questions below. Circle the correct answer.

5)

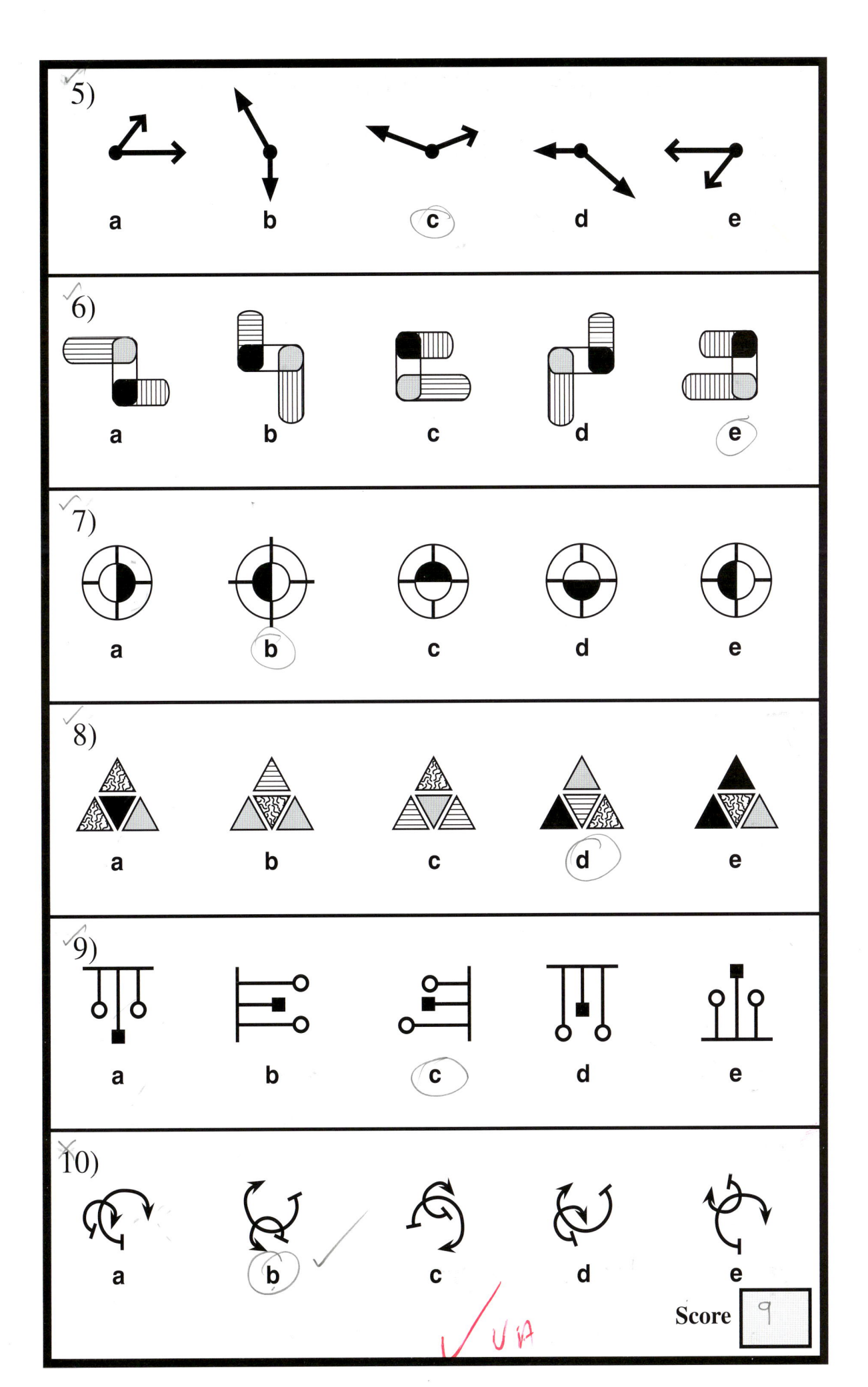

a b c d e

6)

a b c d e

7)

a b c d e

8)

a b c d e

9)

a b c d e

10)

a b c d e

Score 9

Non-verbal Reasoning Test 20
Codes

The following shapes correspond to the codes below them. You must decide how the code letters go with the shapes and then find the correct code for the Test Shape.

Example   TEST SHAPE

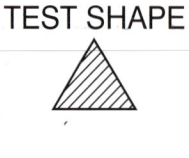

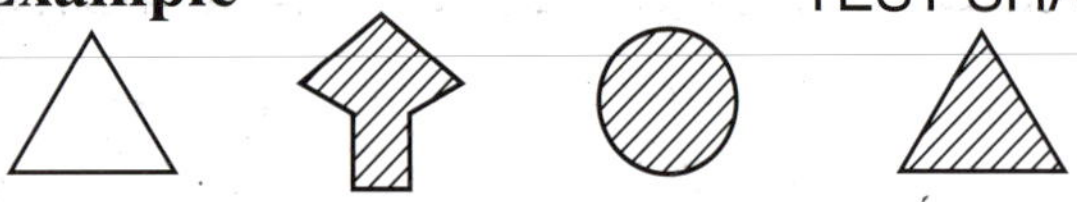

AR   BS   BT

BR	AS	AT	BS	AR
a	b	c	d	e

The first letter stands for the type of fill: **A** - White Fill; **B** - Shaded Fill.
The second letter stands for each shape: **R** - Triangle; **S** - Arrow; **T** - Circle.
The answer is **BR**: **B** for Shaded Fill; **R** for Triangle.

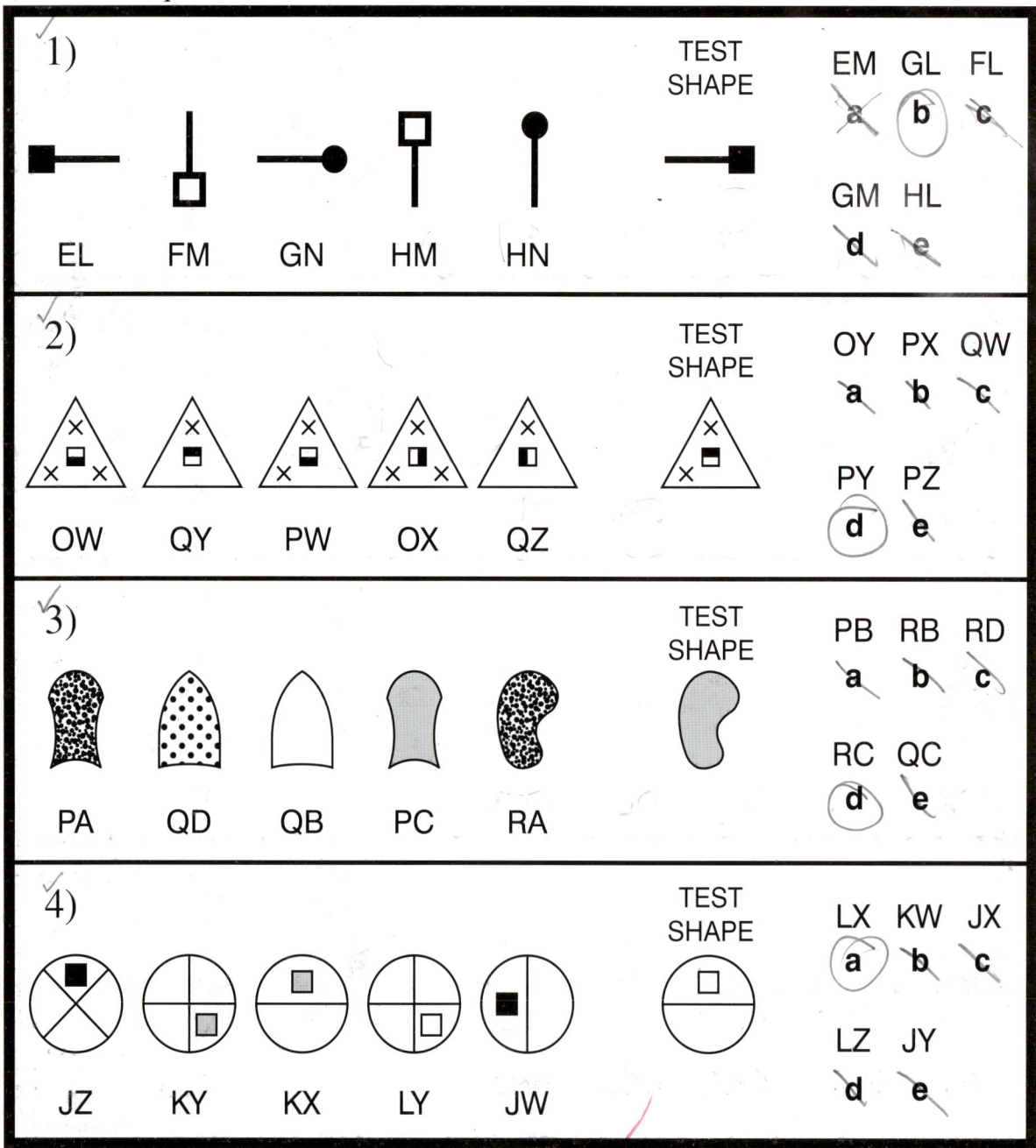

Now do the questions below. Circle the correct answer.

1) EL FM GN HM HN   TEST SHAPE

EM	GL	FL
a	b	c
GM	HL	
d	e	

2) OW QY PW OX QZ   TEST SHAPE

OY	PX	QW
a	b	c
PY	PZ	
d	e	

3) PA QD QB PC RA   TEST SHAPE

PB	RB	RD
a	b	c
RC	QC	
d	e	

4) JZ KY KX LY JW   TEST SHAPE

LX	KW	JX
a	b	c
LZ	JY	
d	e	

40   © 2011 Stephen Curran

5)

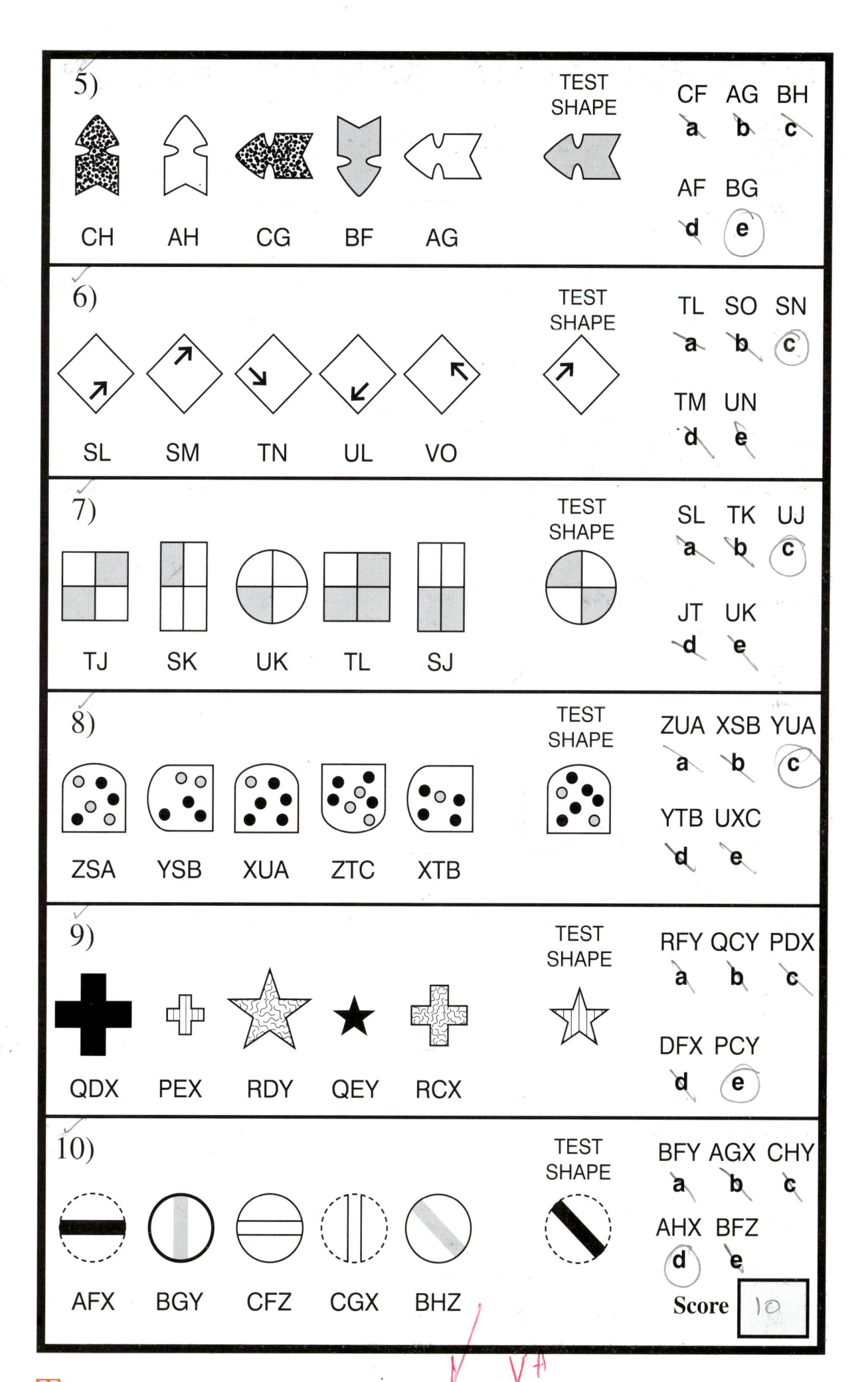

CH	AH	CG	BF	AG	TEST SHAPE

CF	AG	BH
a	b	c

AF	BG
d	(e)

6)

SL	SM	TN	UL	VO	TEST SHAPE

TL	SO	SN
a	b	(c)

TM	UN
d	e

7)

TJ	SK	UK	TL	SJ	TEST SHAPE

SL	TK	UJ
a	b	(c)

JT	UK
d	e

8)

ZSA	YSB	XUA	ZTC	XTB	TEST SHAPE

ZUA	XSB	YUA
a	b	(c)

YTB	UXC
d	e

9)

QDX	PEX	RDY	QEY	RCX	TEST SHAPE

RFY	QCY	PDX
a	b	c

DFX	PCY
d	(e)

10)

AFX	BGY	CFZ	CGX	BHZ	TEST SHAPE

BFY	AGX	CHY
a	b	c

AHX	BFZ
(d)	e

Score: 10

Non-verbal Reasoning Test 21
Analogies

On the left of each row are two shapes with an arrow between them. Decide how the second shape is related to the first. After these there is a third shape, then an arrow and then five more shapes. Decide which of the five shapes goes with the third shape to make a pair like the two shapes on the left.

Example

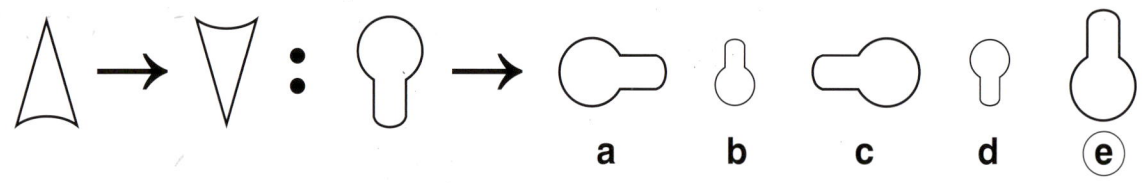

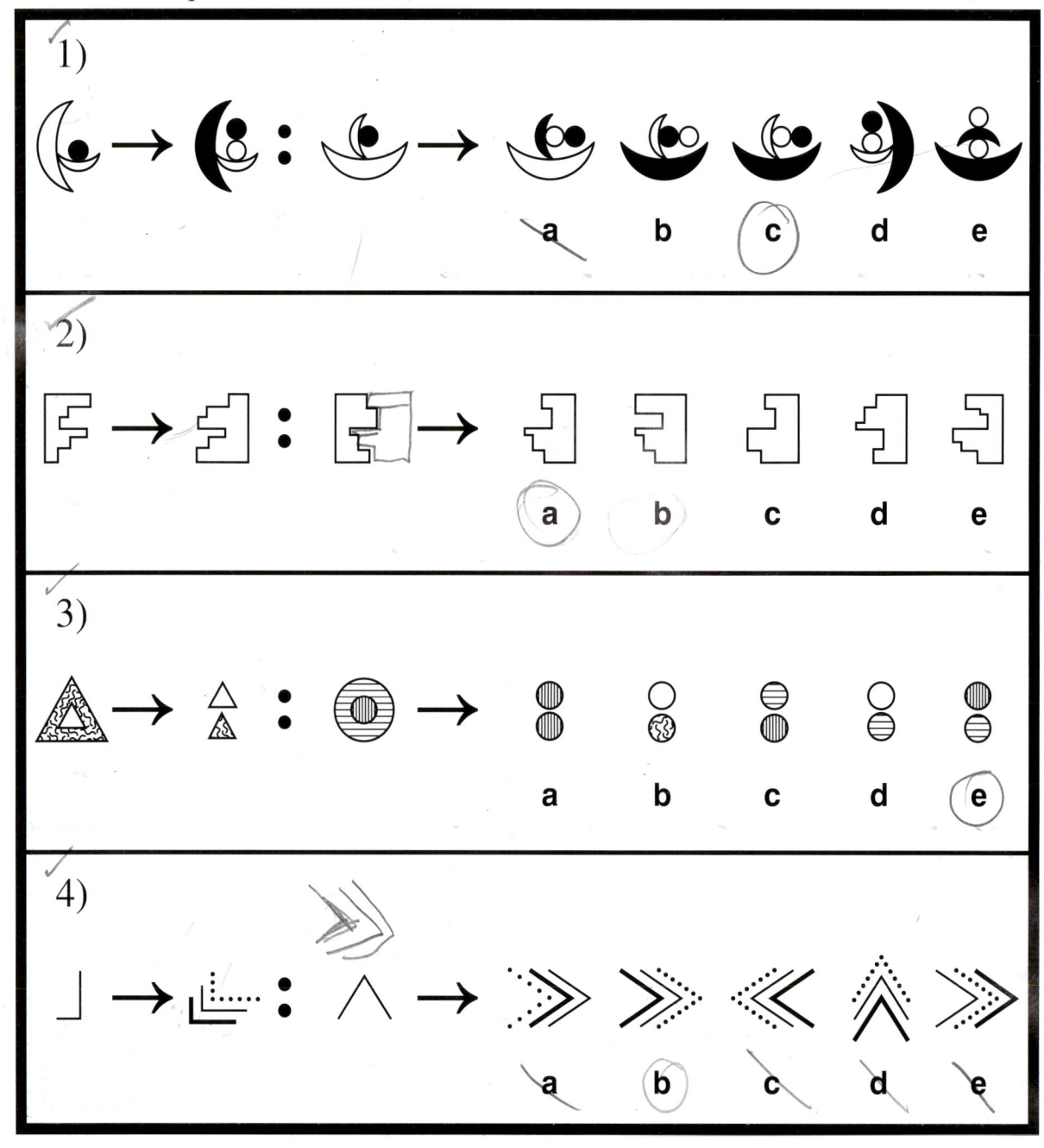

Now do the questions below. Circle the correct answer.

© 2011 Stephen Curran

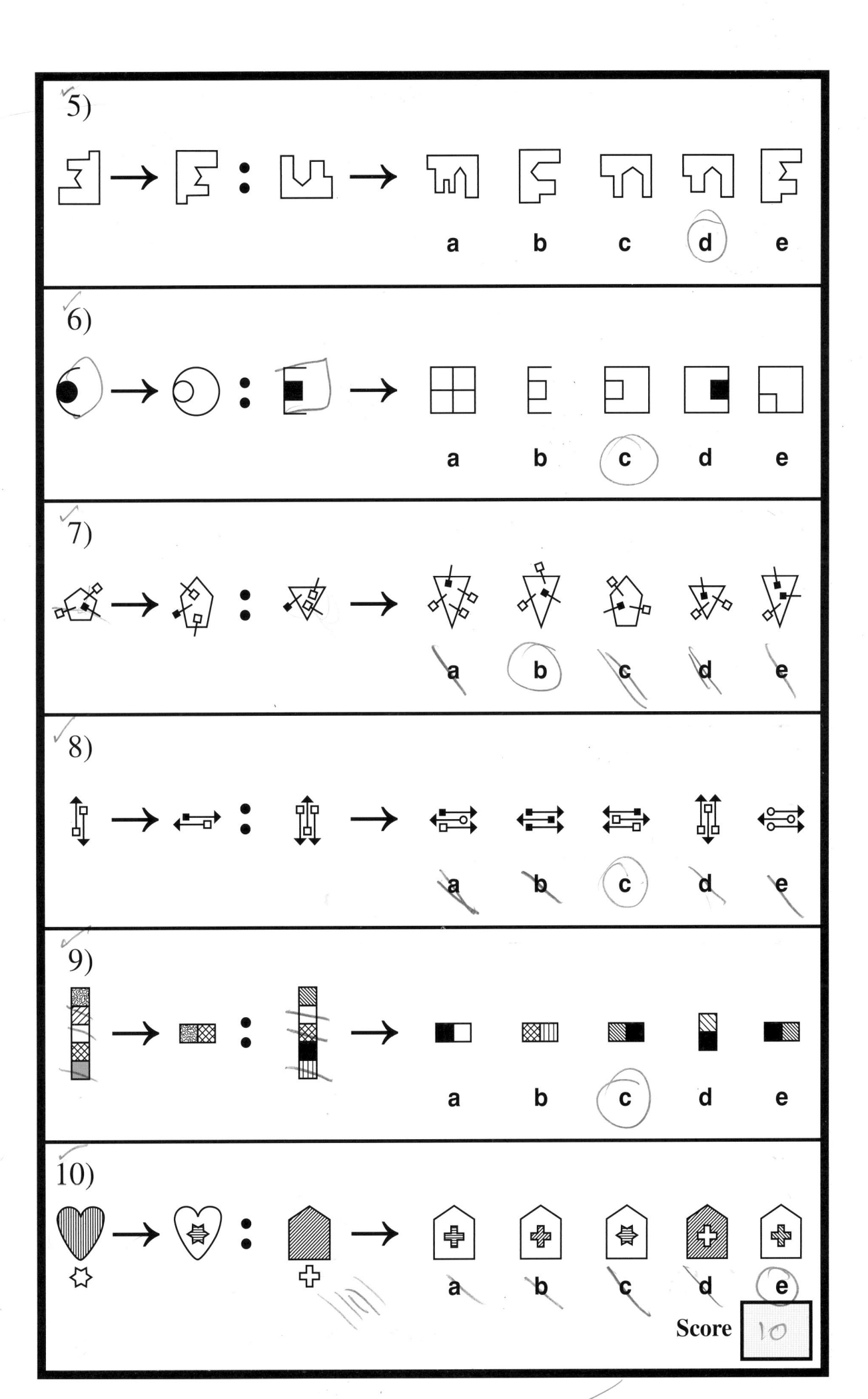

5) d

6) c

7) b

8) c

9) c

10) e

Score: 10

Non-verbal Reasoning Test 22
Similarities

On the left of each of the rows below there are two figures that are alike. On the right there are five more figures. Find which one of these five is **most like** the two figures on the left.

Example

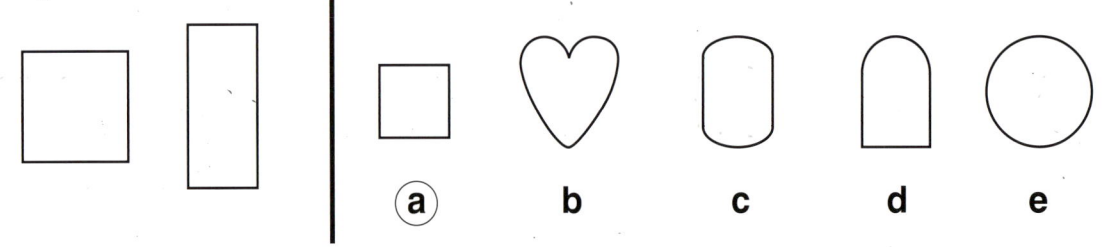

Now do the questions below. Circle the correct answer.

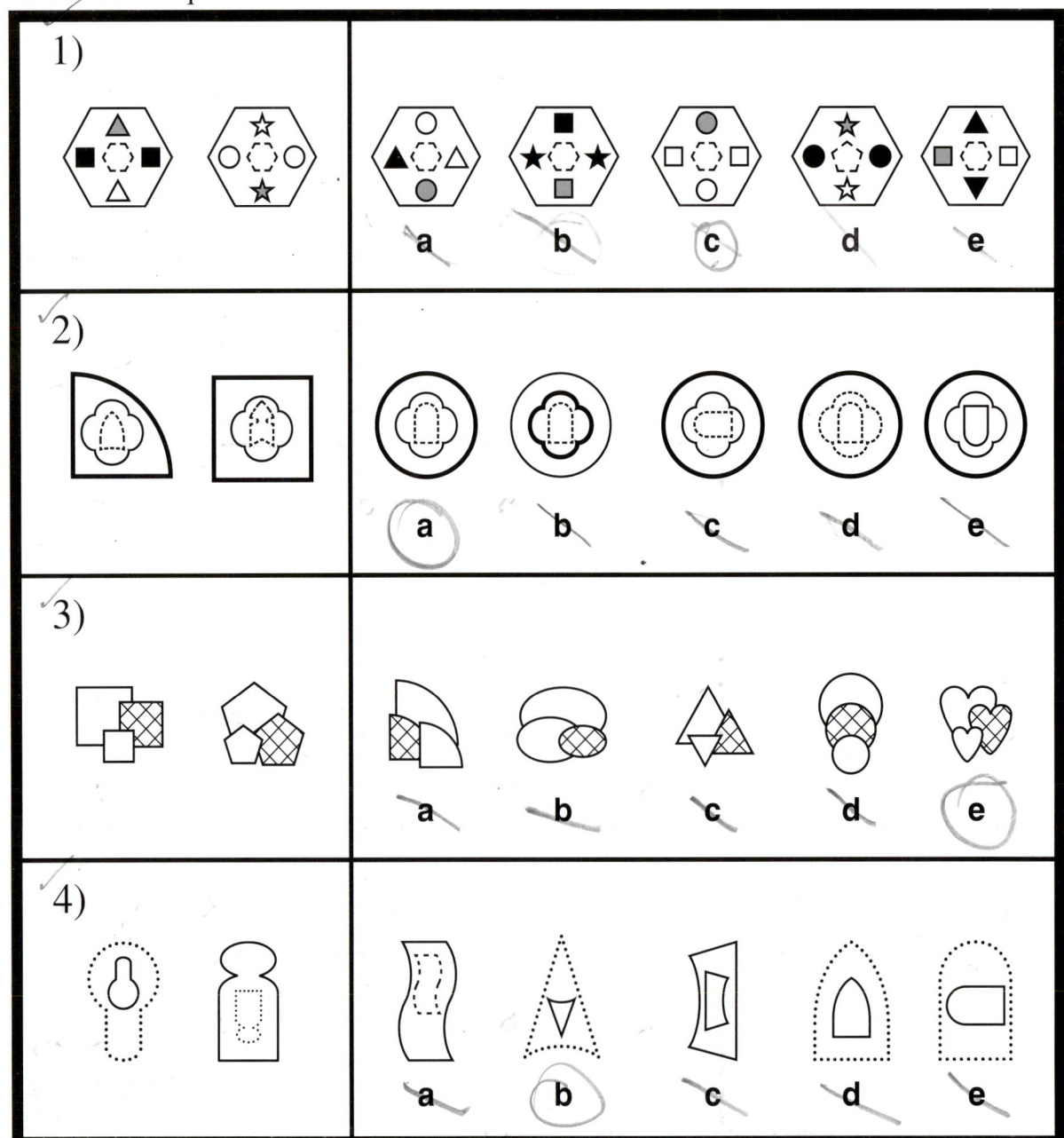

1) c
2) a
3) e
4) b

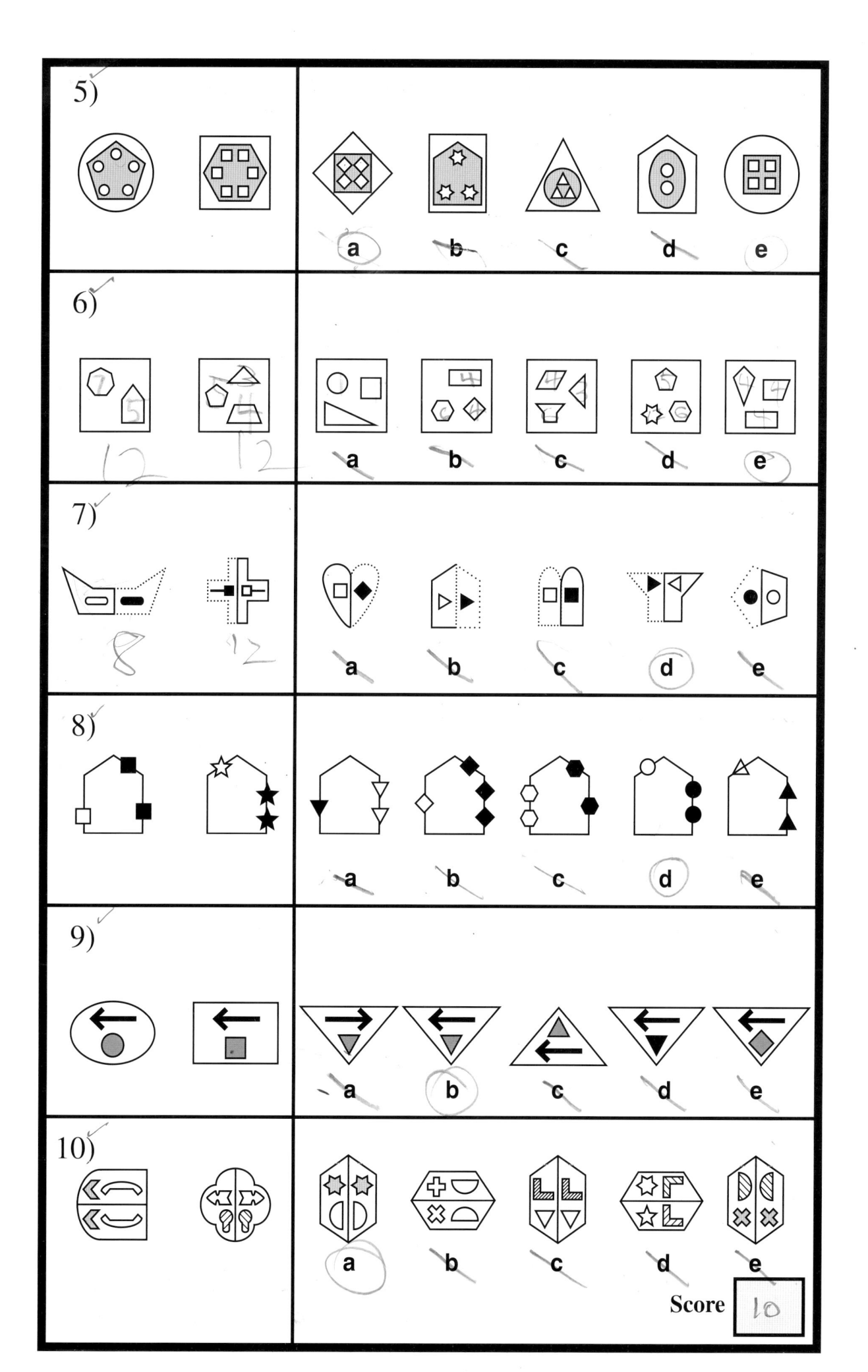

5) e

6) e

7) d

8) d

9) b

10) a

Score 10

Non-verbal Reasoning Test 23
Series

To the left of each of the lines below there are five squares arranged in order. One of these squares has been left empty. Find which one of the five squares on the right should take the place of the empty square.

Example

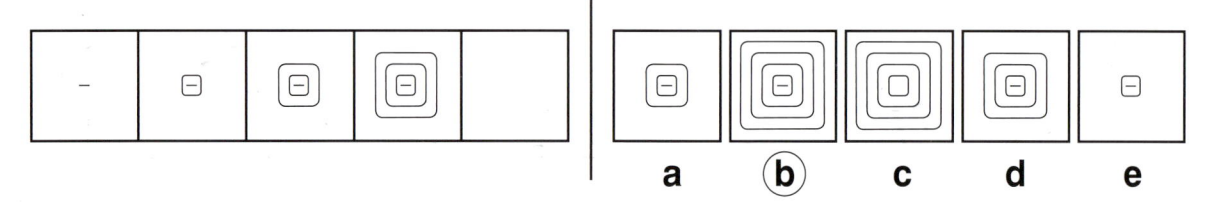

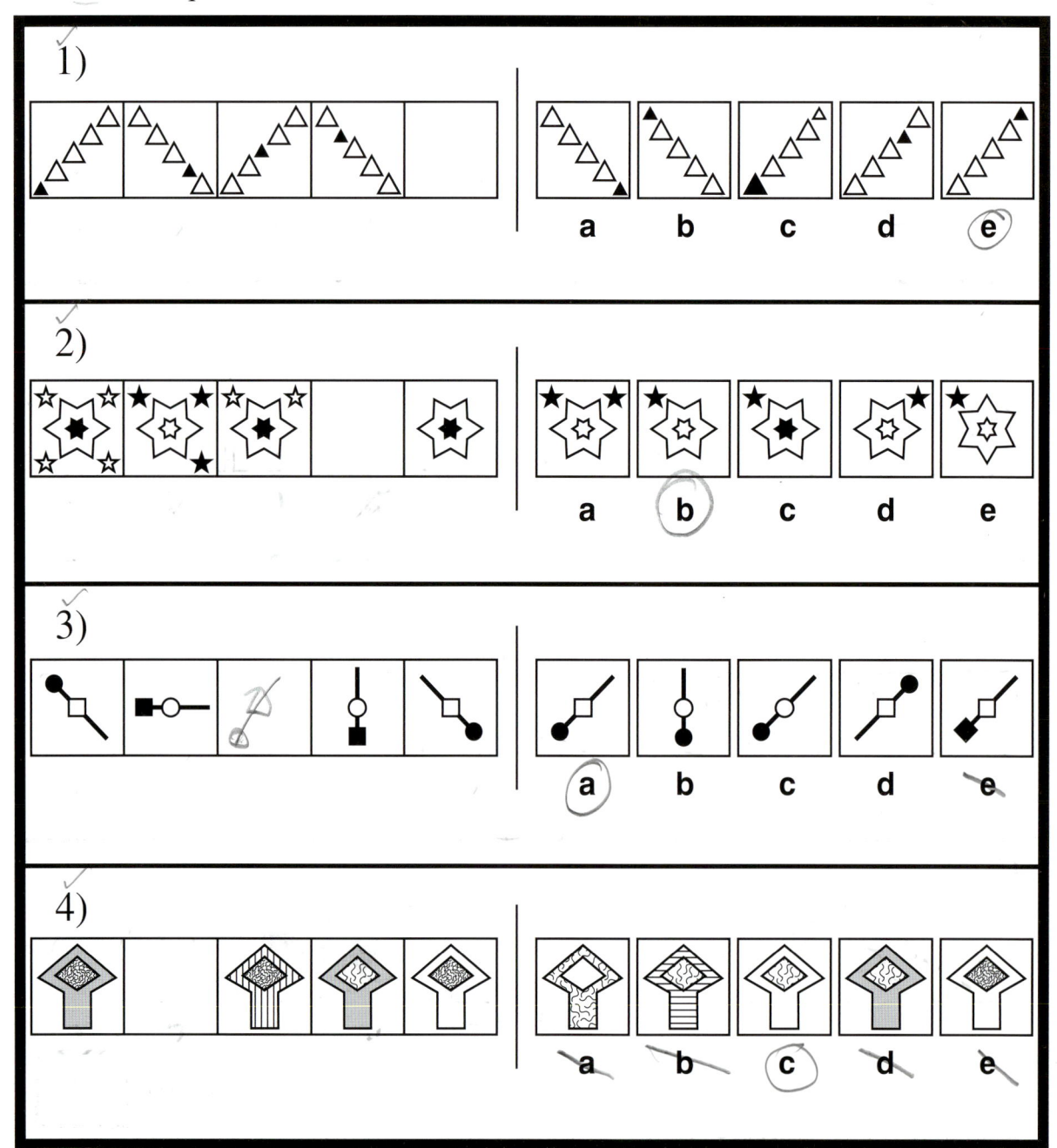

Now do the questions below. Circle the correct answer.

1)

2)

3)

4)

5)

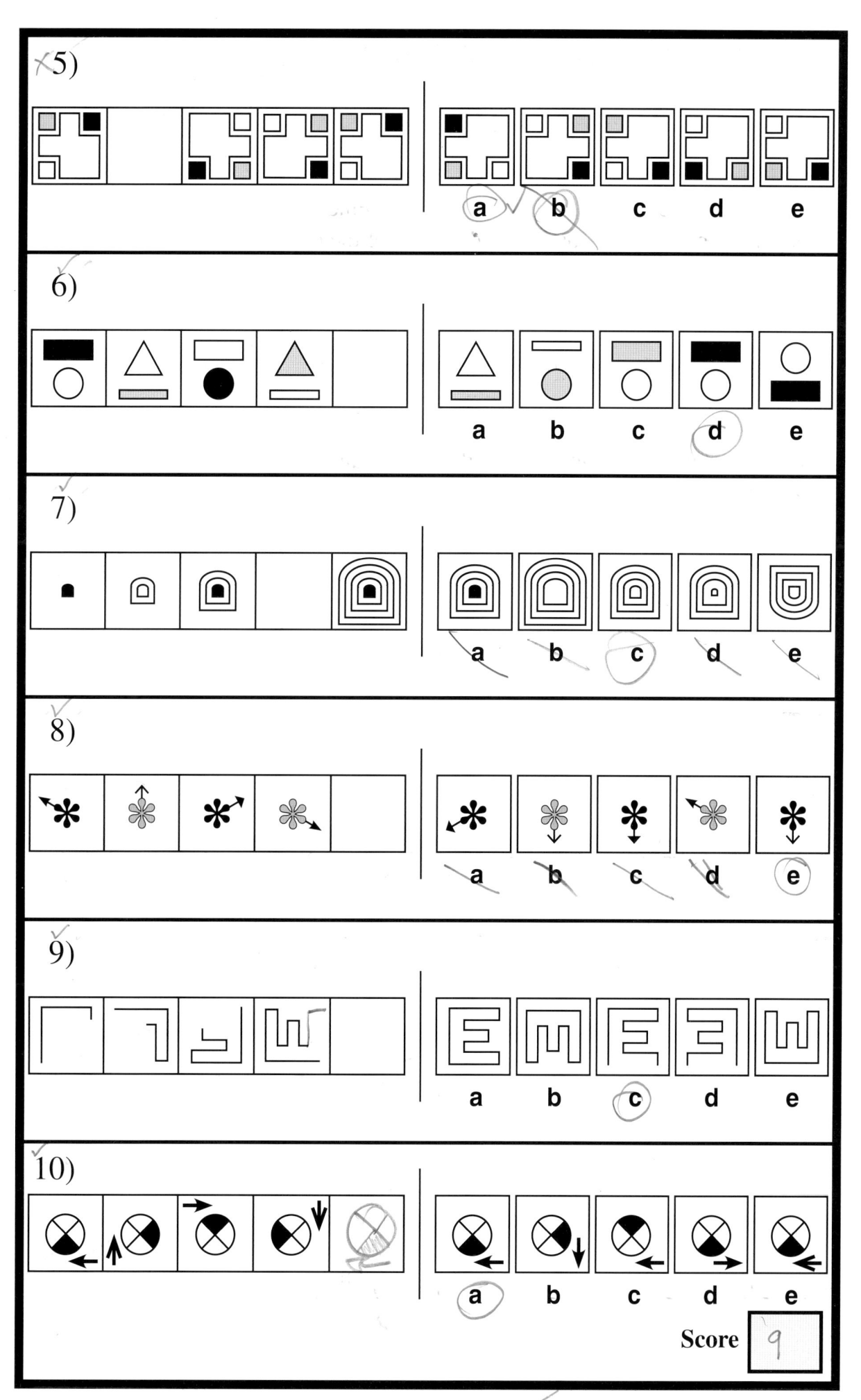

6)

7)

8)

9)

10)

Score 9

Non-verbal Reasoning Test 24
Matrices

In the big square on the left of each line below, one of the small squares has been left empty. One of the five figures on the right should fill the empty square. Find this figure.

Example

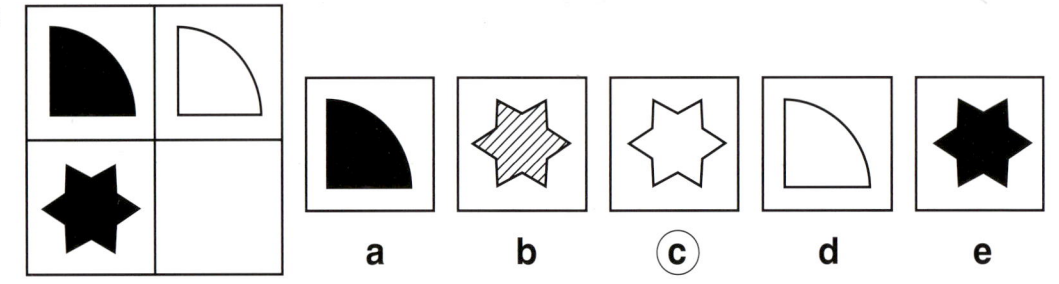

Now do the questions below. Circle the correct answer.

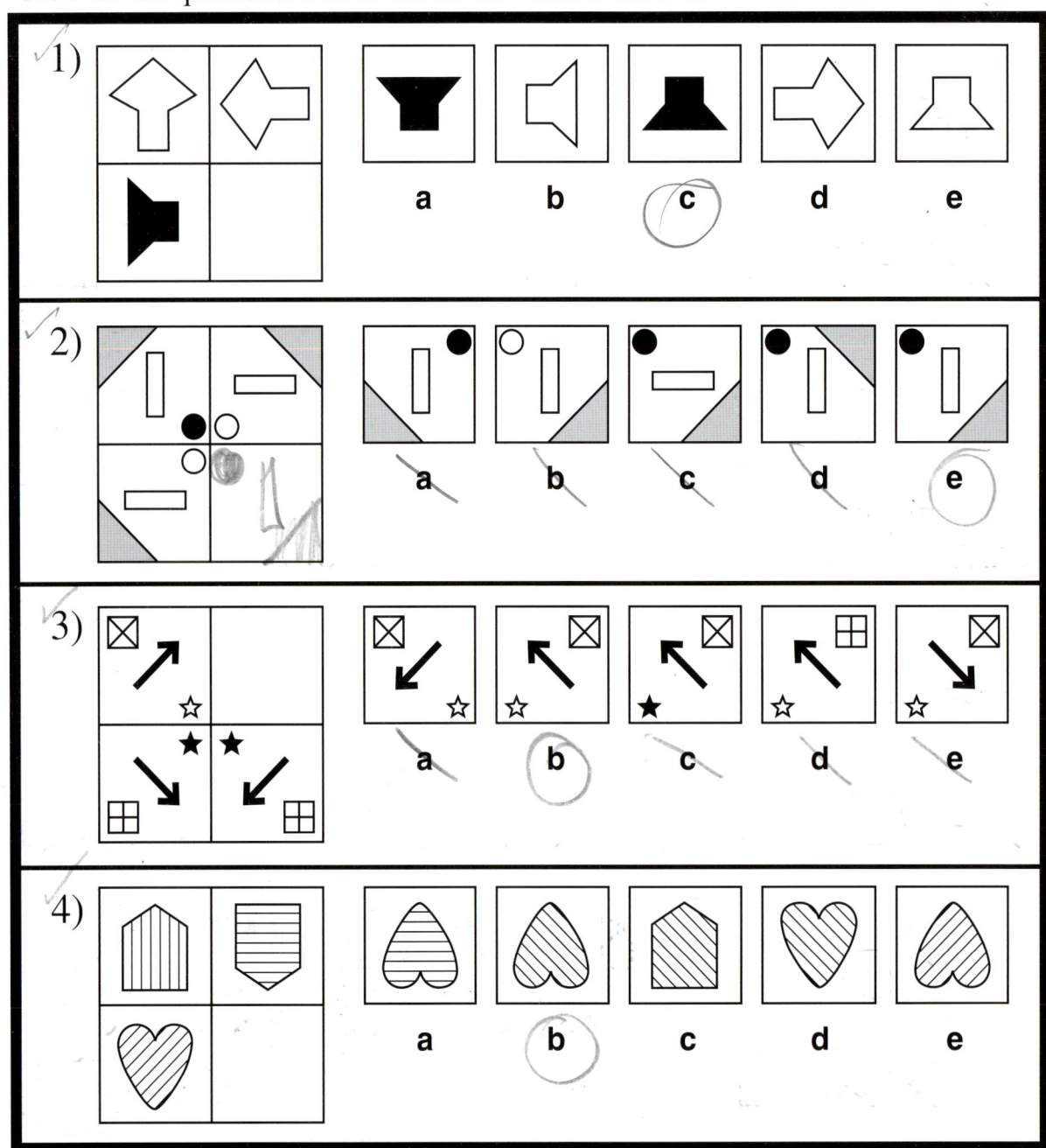

© 2011 Stephen Curran

5)

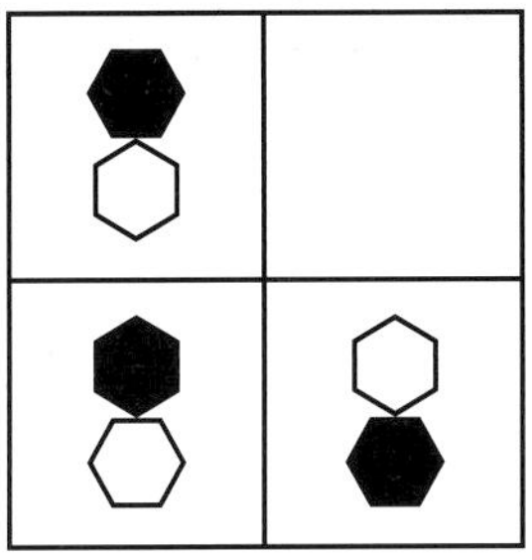

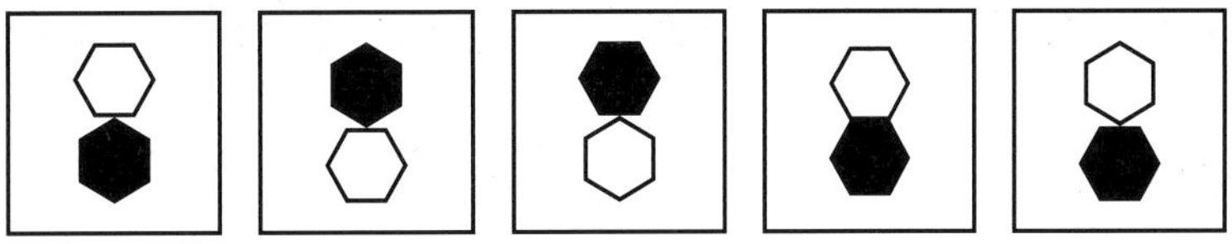

a b c d e

6)

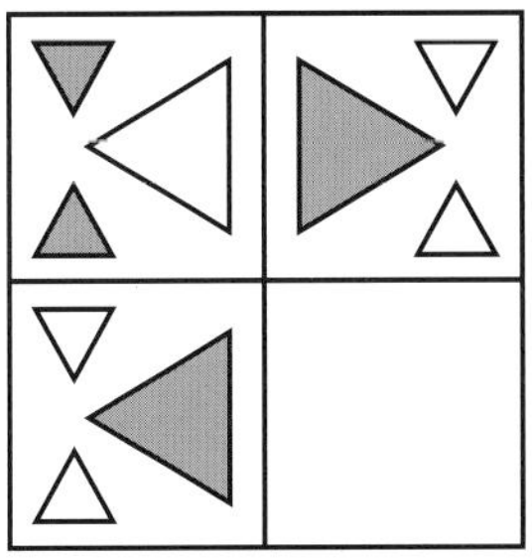

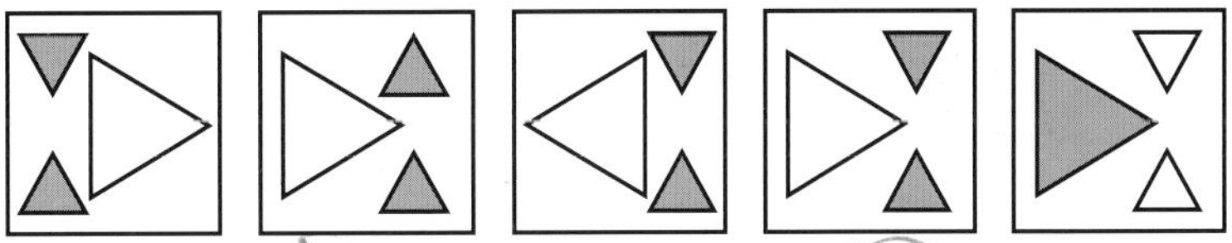

a b c d e

7)

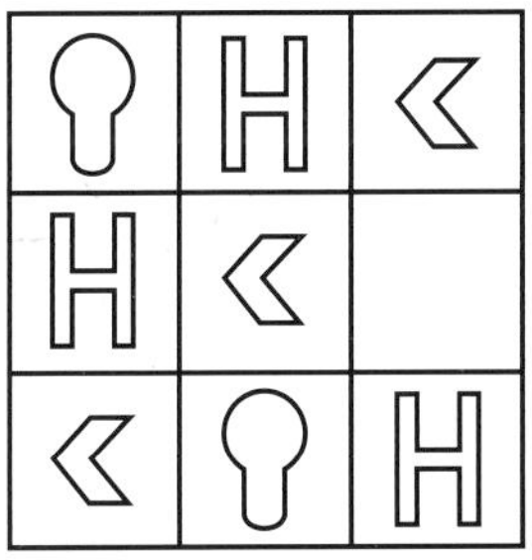

a b c d e

8)

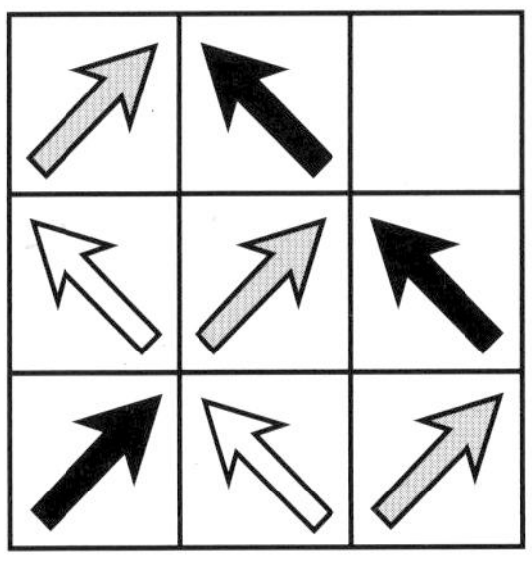

a b c d e

9)

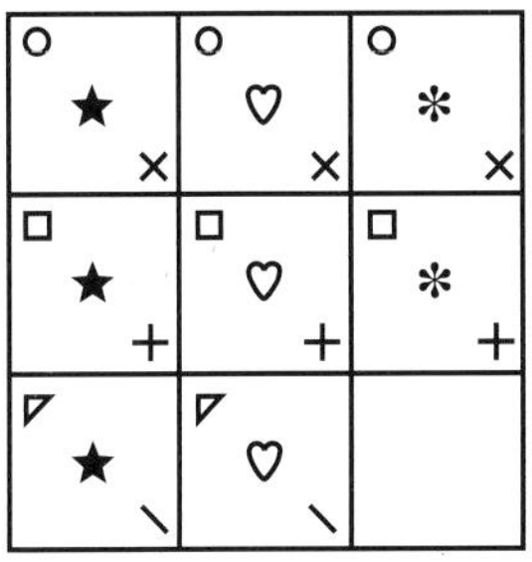

a b c d e

10)

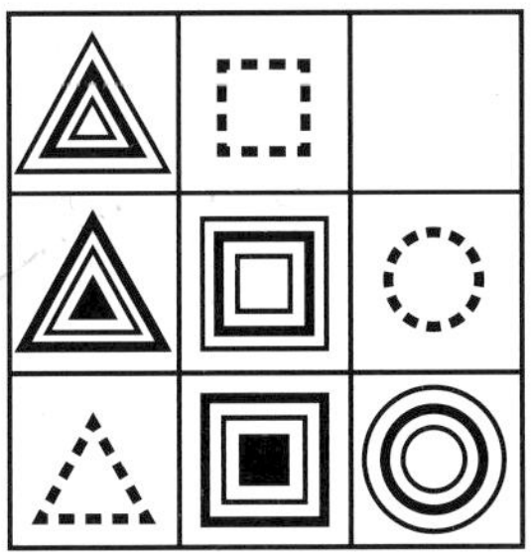

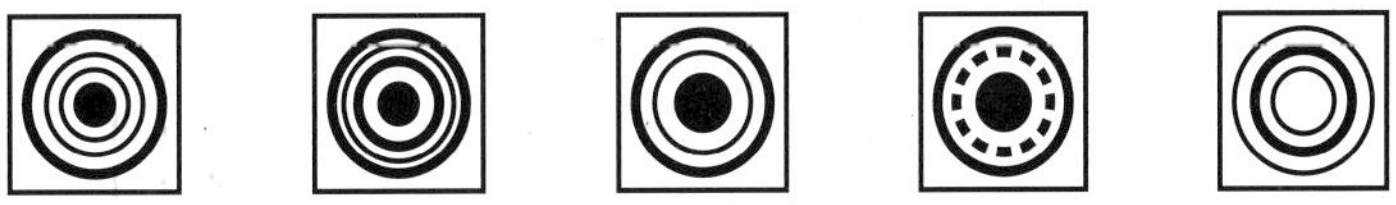

a b c d e

Score 10

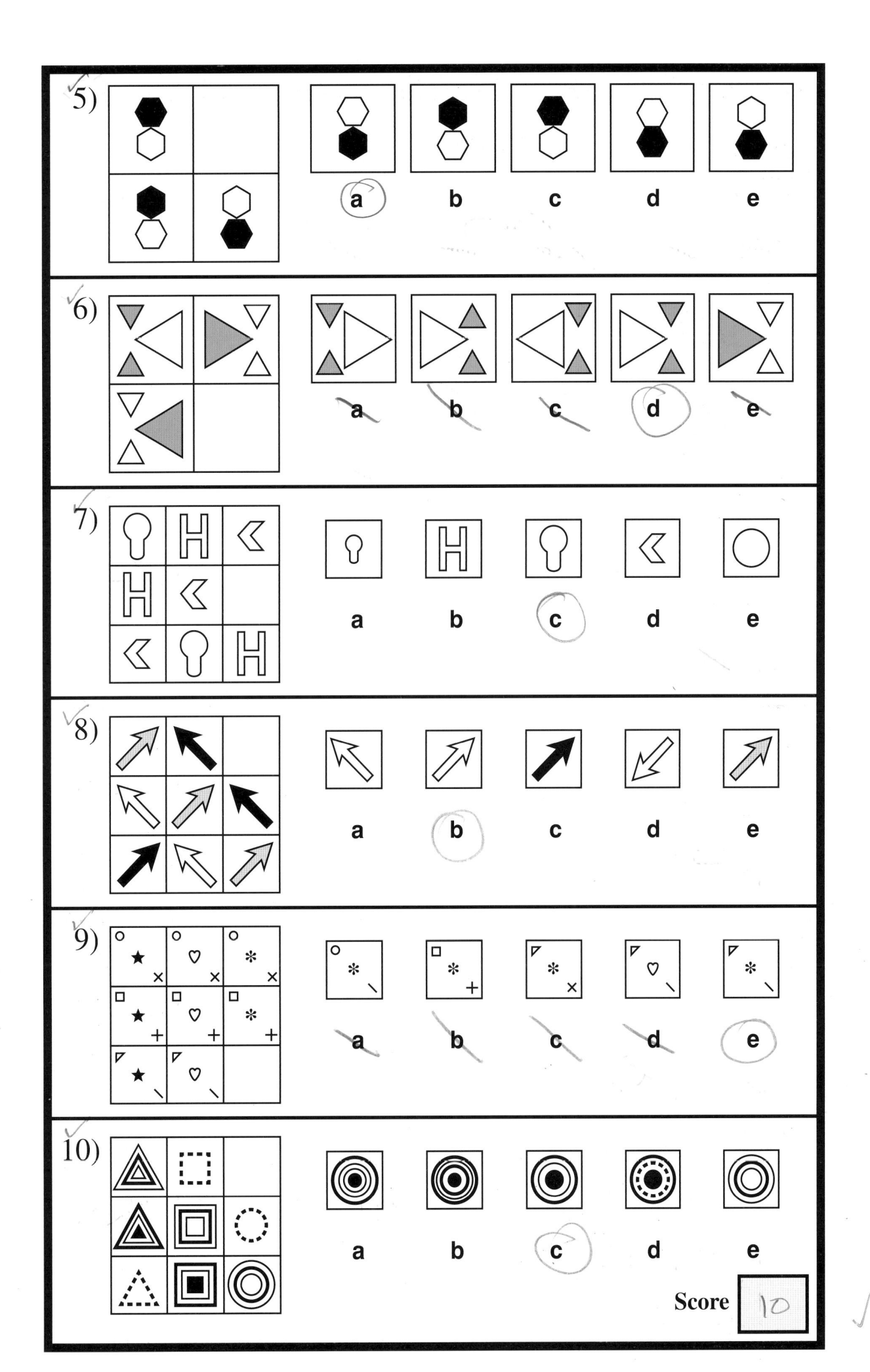

Non-verbal Reasoning Test 25
Odd One Out

In each of the rows below there are five figures. Find one figure in each row that is **most unlike** the other four.

Example

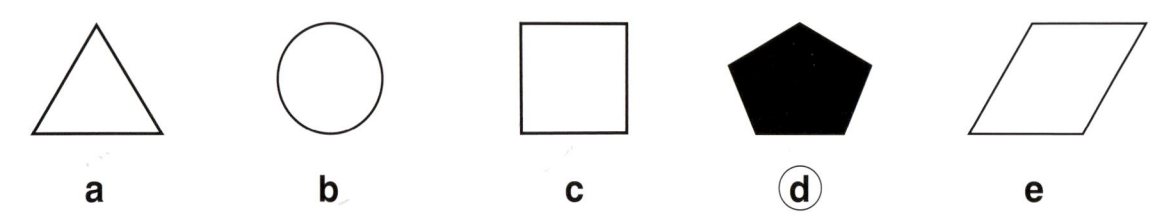

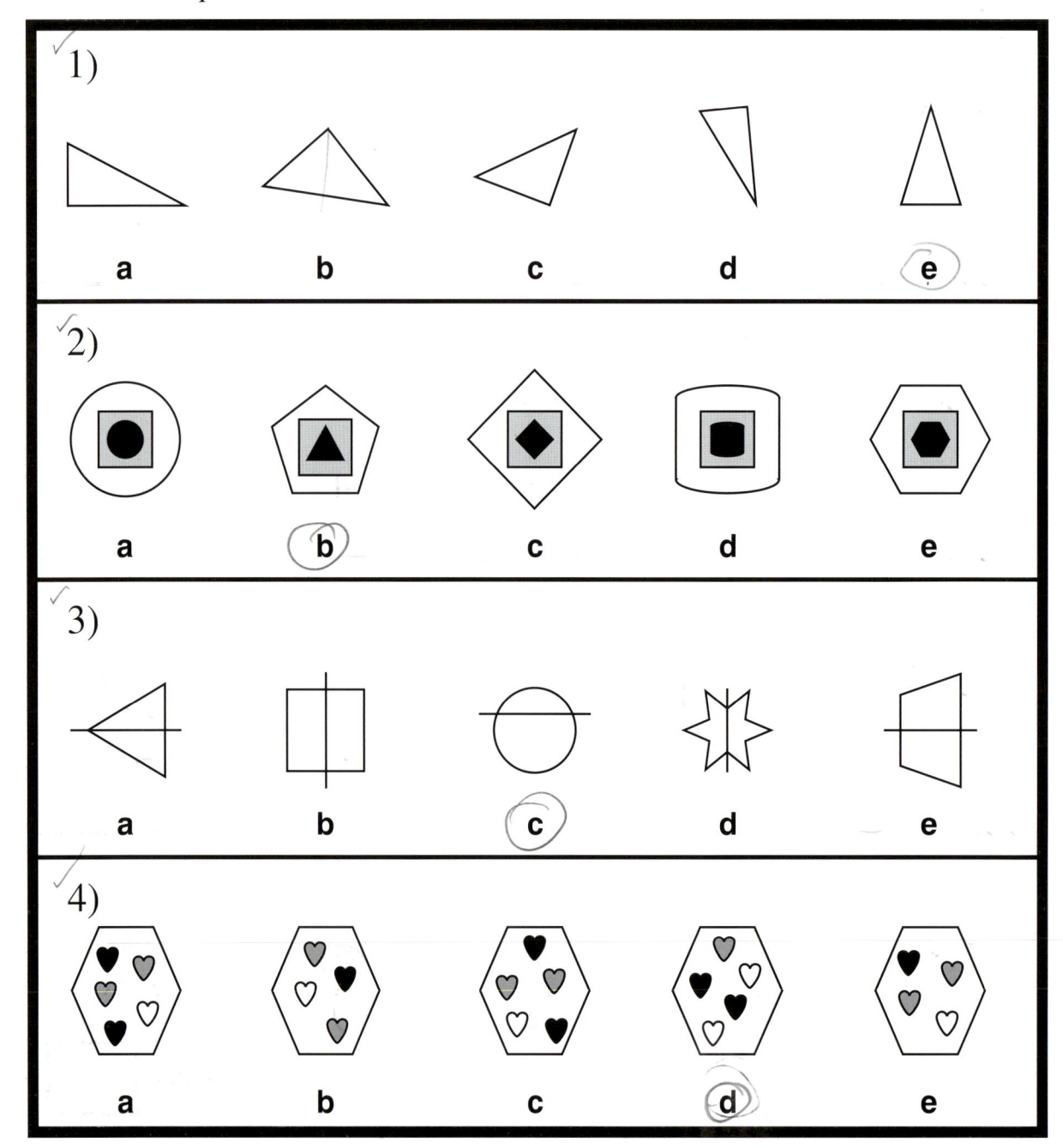

a   b   c   (d)   e

Now do the questions below. Circle the correct answer.

1) a   b   c   d   (e)

2) a   (b)   c   d   e

3) a   b   (c)   d   e

4) a   b   c   (d)   e

© 2011 Stephen Curran

5)

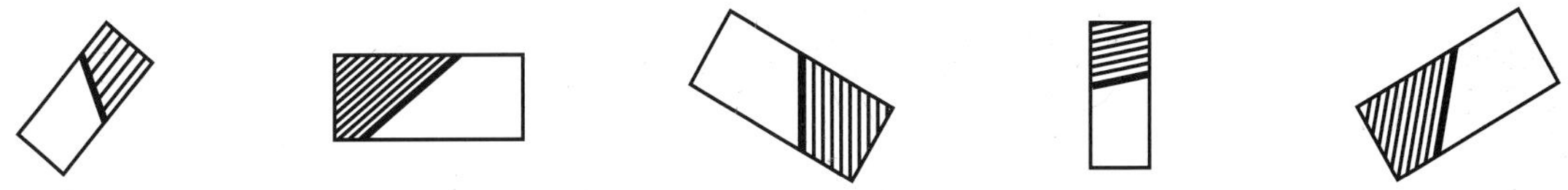

a b c d e

6)

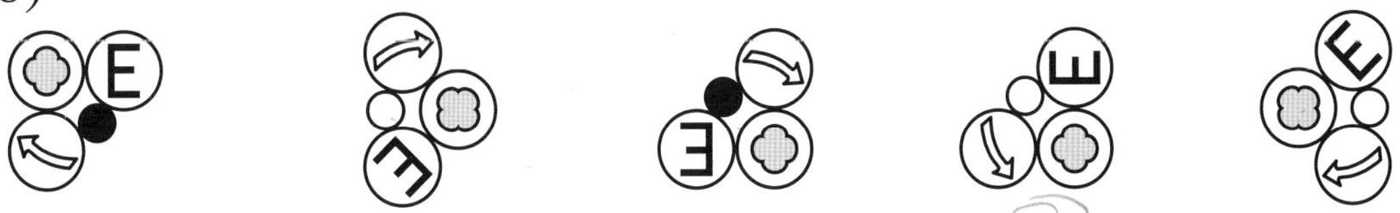

a b c d e

7)

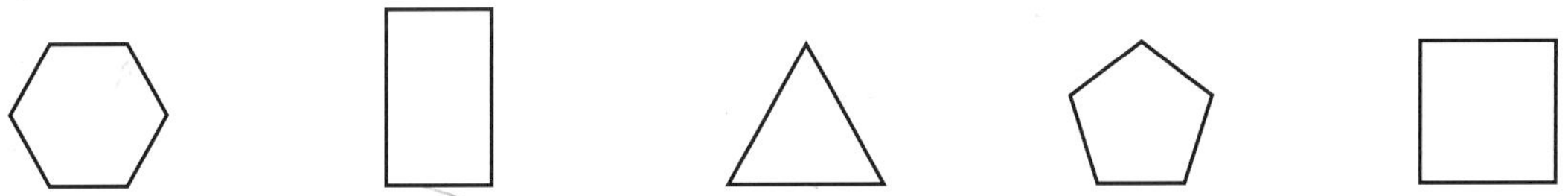

a b c d e

8)

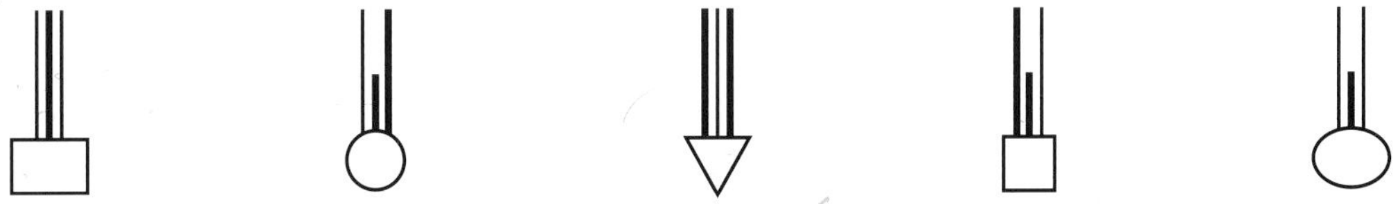

a b c d e

9)

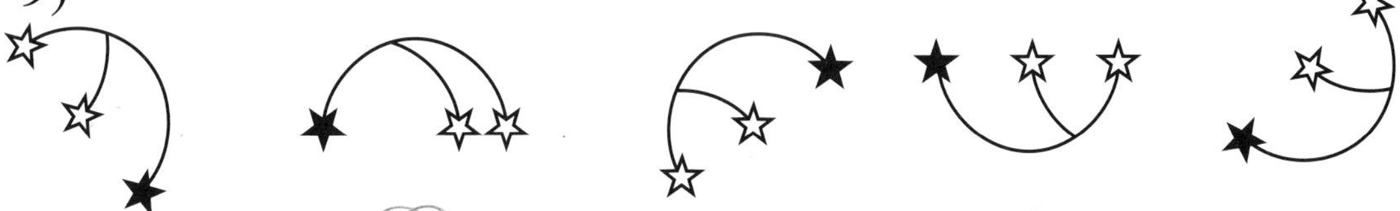

a b c d e

10)

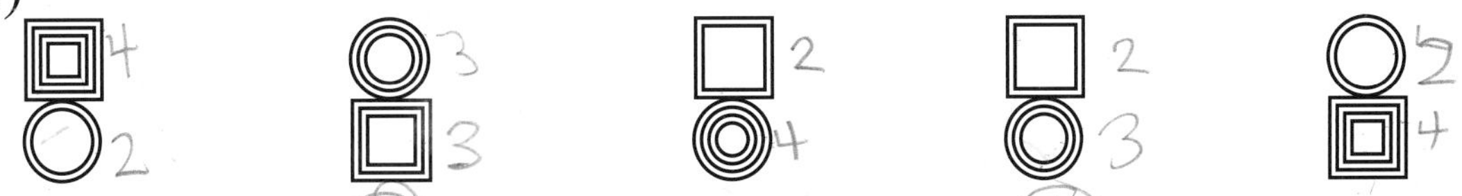

a b c d e

Score 8

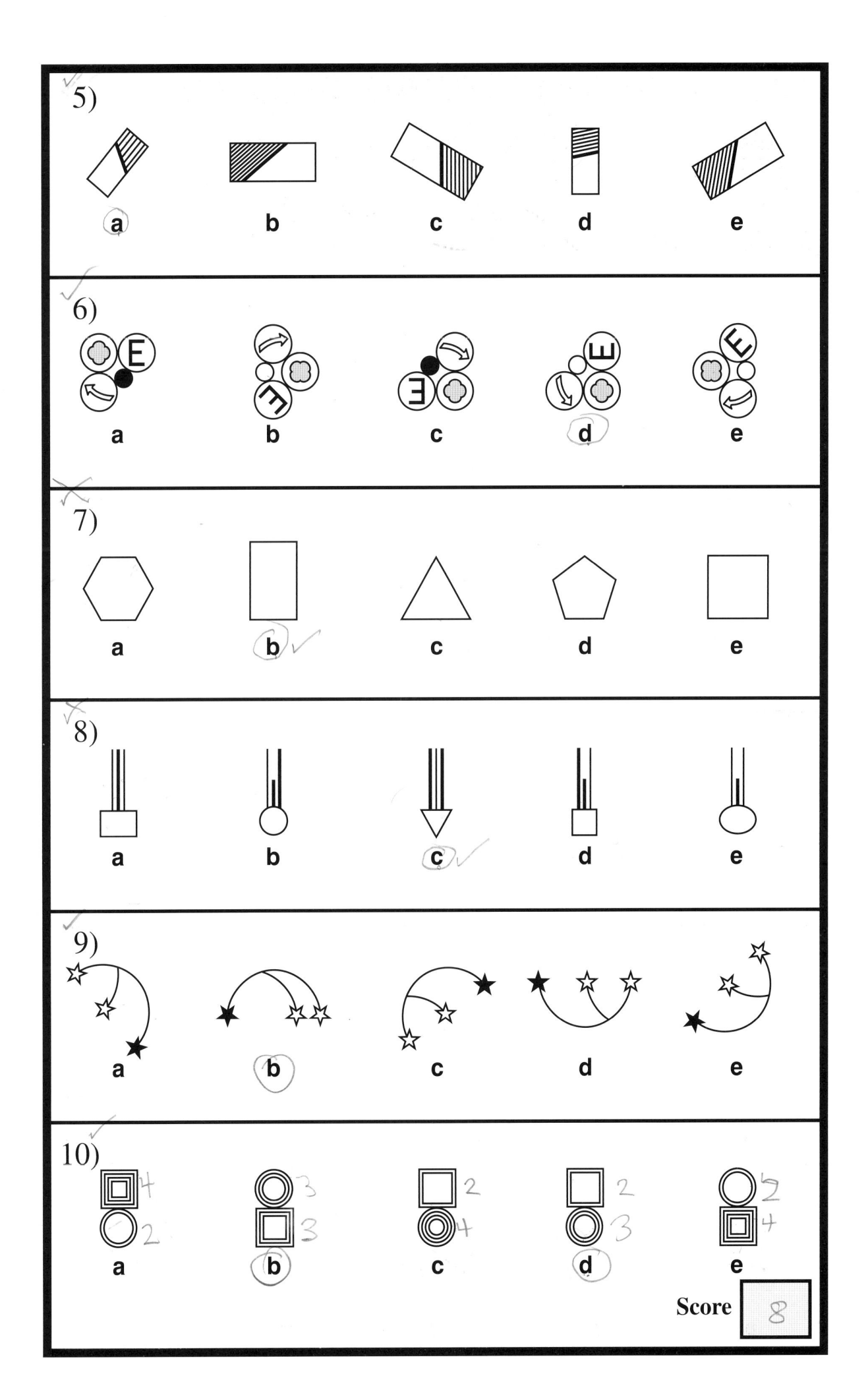

Non-verbal Reasoning Test 26
Codes

The following shapes correspond to the codes below them. You must decide how the code letters go with the shapes and then find the correct code for the Test Shape.

Example TEST SHAPE

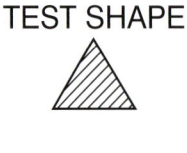

AR BS BT   a b c d e
            BR AS AT BS AR

The first letter stands for the type of fill: **A** - White Fill; **B** - Shaded Fill.
The second letter stands for each shape: **R** - Triangle; **S** - Arrow; **T** - Circle.
The answer is **BR**: **B** for Shaded Fill; **R** for Triangle.

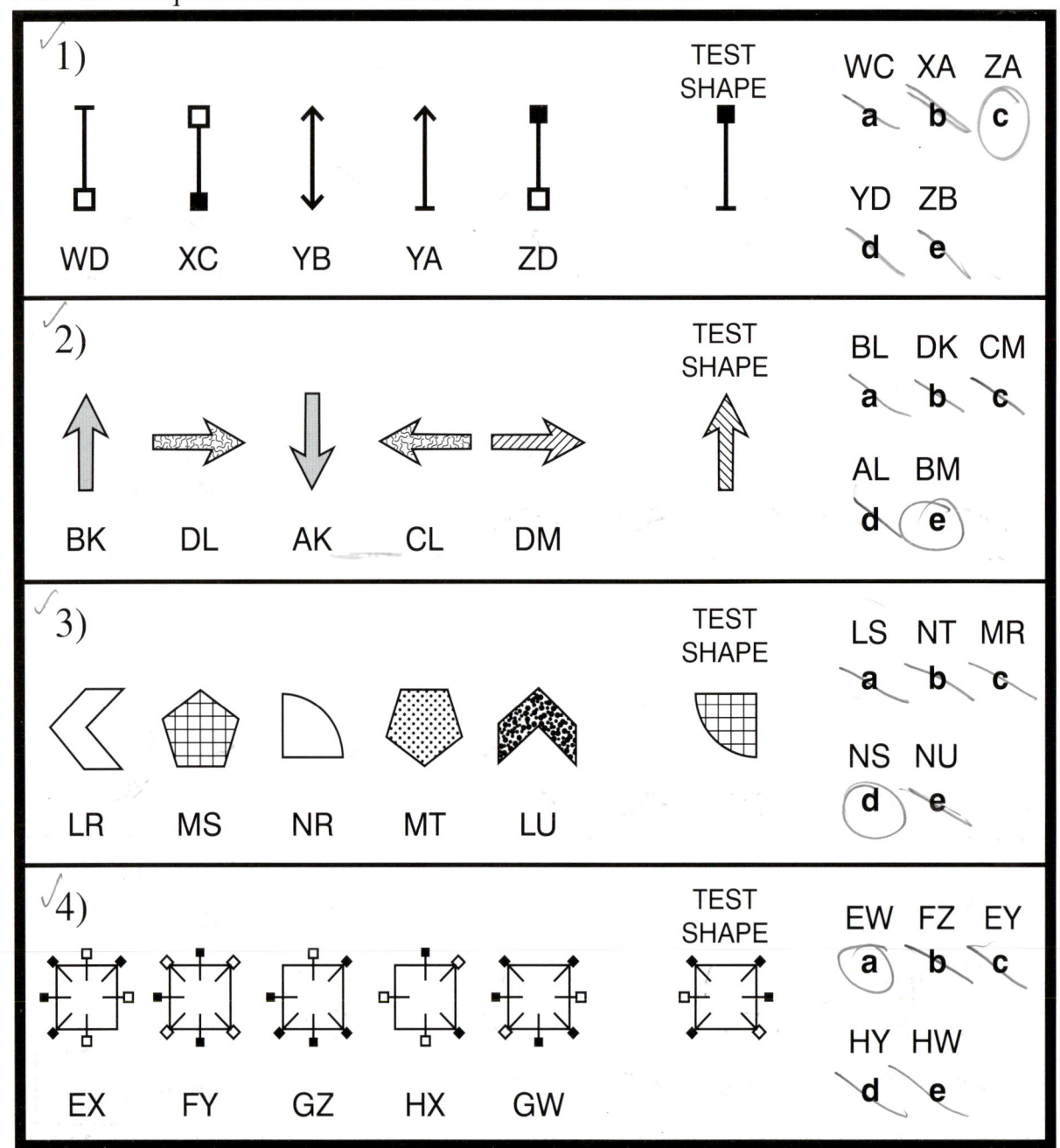

Now do the questions below. Circle the correct answer.

1) WD XC YB YA ZD   TEST SHAPE
   a: WC   b: XA   c: ZA (circled)
   d: YD   e: ZB

2) BK DL AK CL DM   TEST SHAPE
   a: BL   b: DK   c: CM
   d: AL   e: BM (circled)

3) LR MS NR MT LU   TEST SHAPE
   a: LS   b: NT   c: MR
   d: NS (circled)   e: NU

4) EX FY GZ HX GW   TEST SHAPE
   a: EW (circled)   b: FZ   c: EY
   d: HY   e: HW

52   © 2011 Stephen Curran

5)

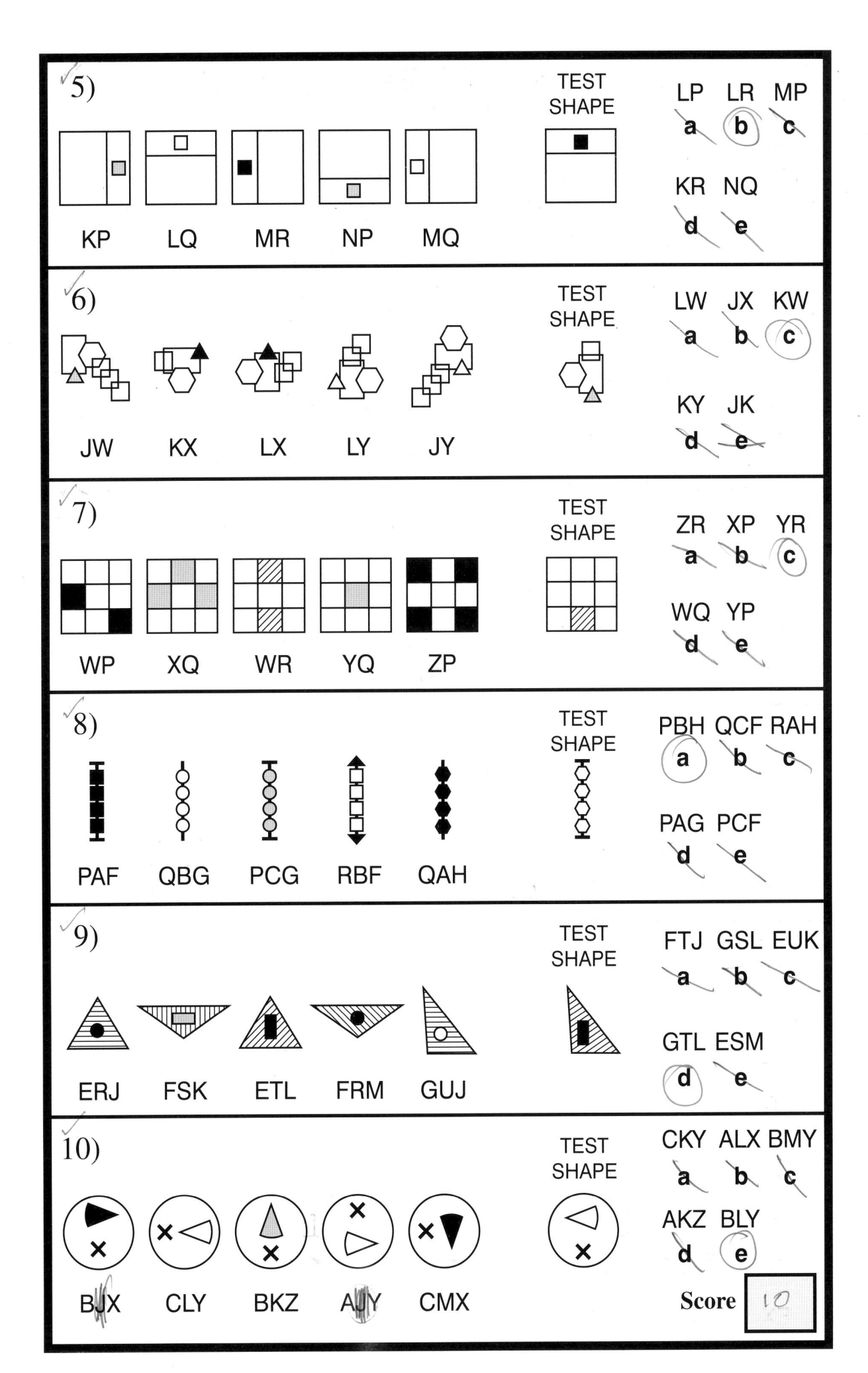

KP	LQ	MR	NP	MQ	TEST SHAPE

LP	LR	MP
a	(b)	c

KR	NQ
d	e

6)

JW	KX	LX	LY	JY	TEST SHAPE

LW	JX	KW
a	b	(c)

KY	JK
d	e

7)

WP	XQ	WR	YQ	ZP	TEST SHAPE

ZR	XP	YR
a	b	(c)

WQ	YP
d	e

8)

PAF	QBG	PCG	RBF	QAH	TEST SHAPE

PBH	QCF	RAH
(a)	b	c

PAG	PCF
d	e

9)

ERJ	FSK	ETL	FRM	GUJ	TEST SHAPE

FTJ	GSL	EUK
a	b	c

GTL	ESM
(d)	e

10)

BJX	CLY	BKZ	AJY	CMX	TEST SHAPE

CKY	ALX	BMY
a	b	c

AKZ	BLY
d	(e)

Score: 10

© 2011 Stephen Curran

Non-verbal Reasoning Test 27
Analogies

On the left of each row are two shapes with an arrow between them. Decide how the second shape is related to the first. After these there is a third shape, then an arrow and then five more shapes. Decide which of the five shapes goes with the third shape to make a pair like the two shapes on the left.

Example

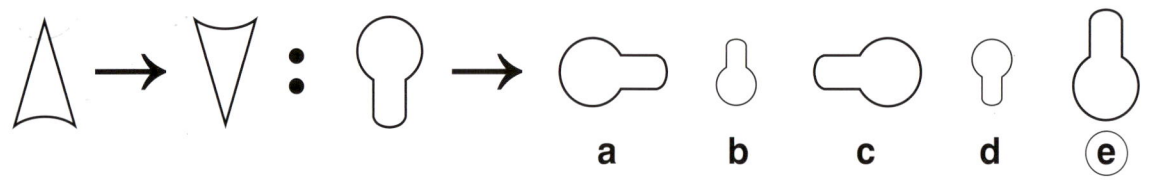

Now do the questions below. Circle the correct answer.

1)
2)
3)
4)

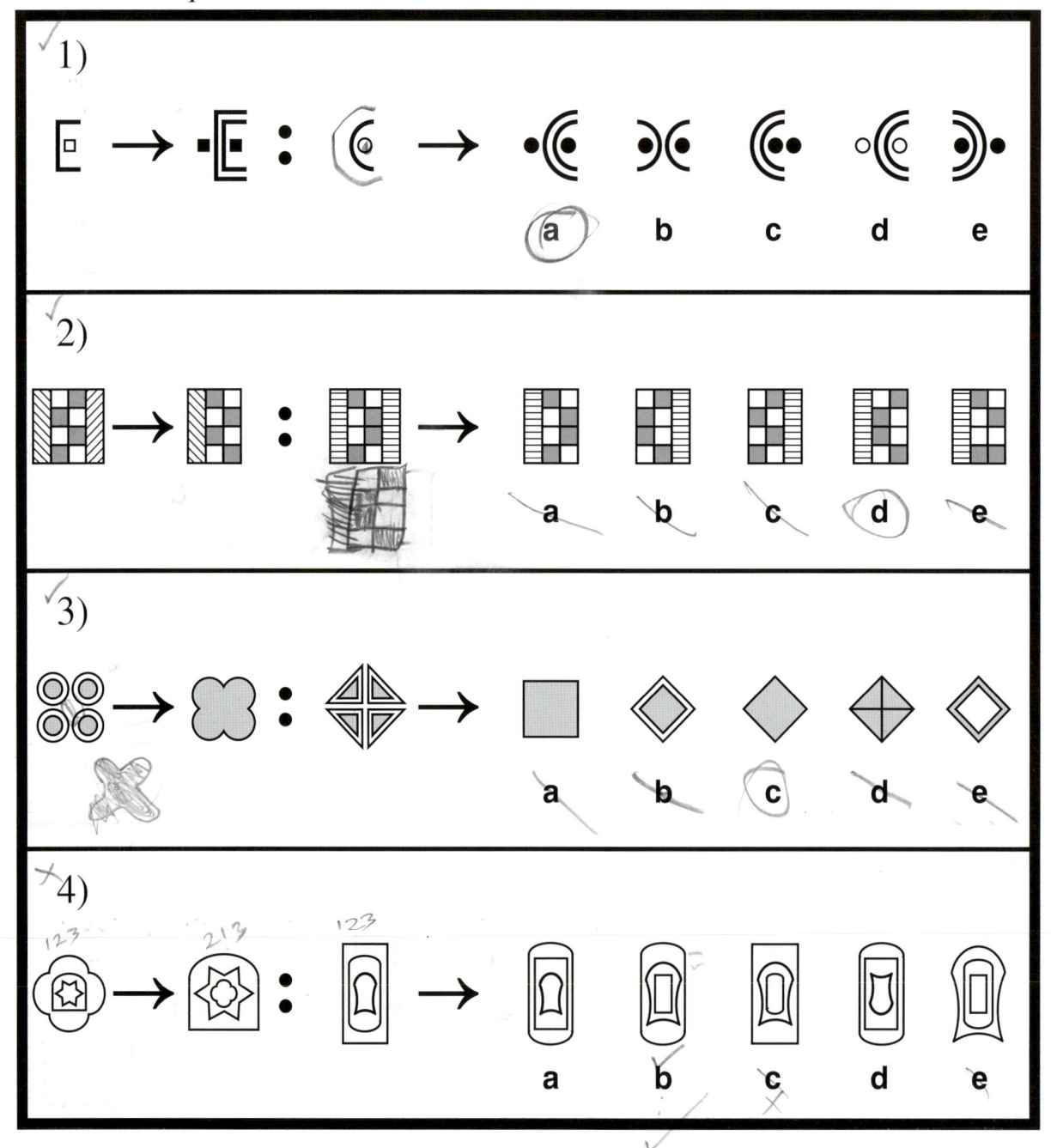

54 © 2011 Stephen Curran

5)

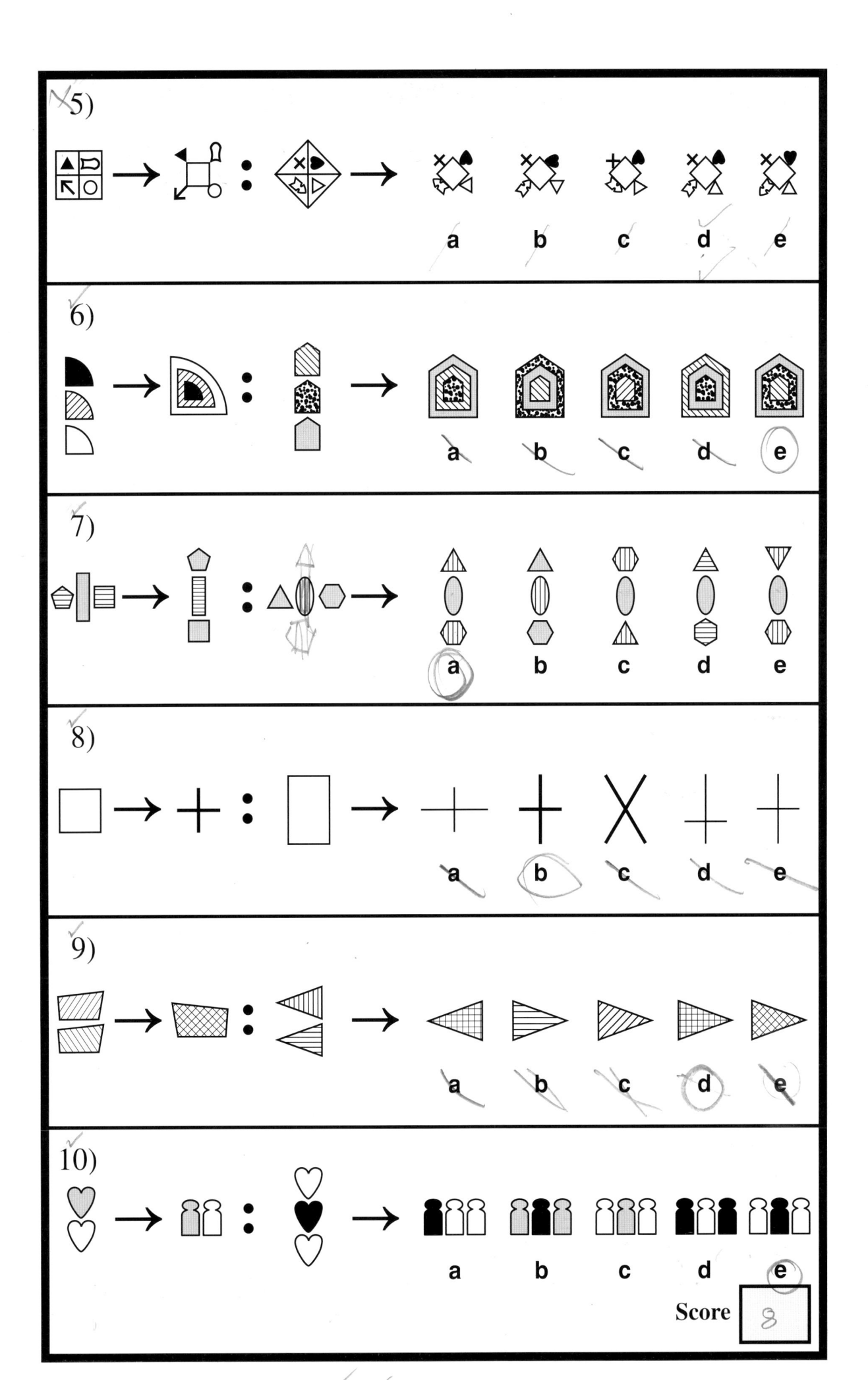

6)

7)

8)

9)

10)

Score

INCOMPLETE

Non-verbal Reasoning Test 28
Similarities

On the left of each of the rows below there are two figures that are alike. On the right there are five more figures. Find which one of these five is **most like** the two figures on the left.

Example

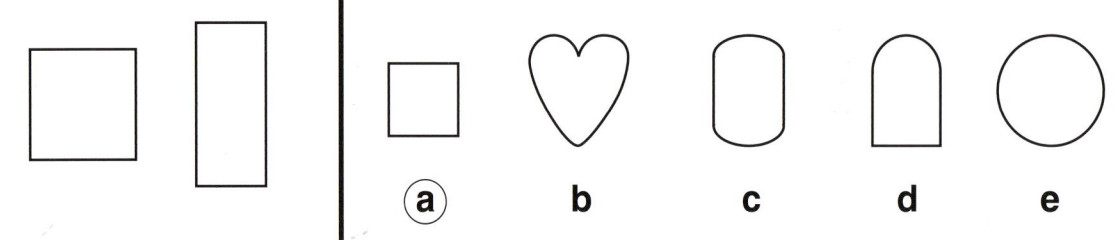

Now do the questions below. Circle the correct answer.

1)
2)
3)
4)

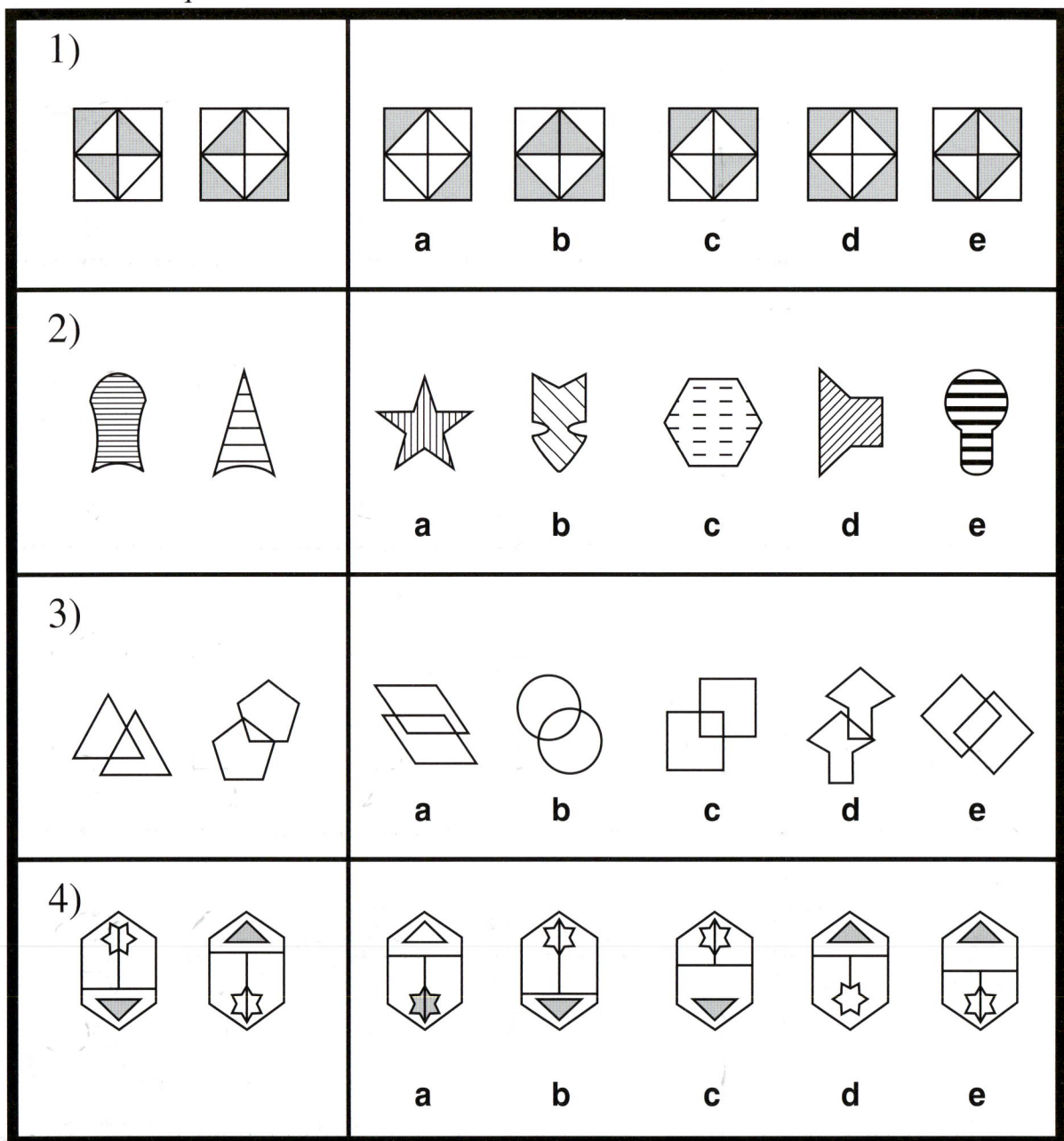

56 © 2011 Stephen Curran

5)

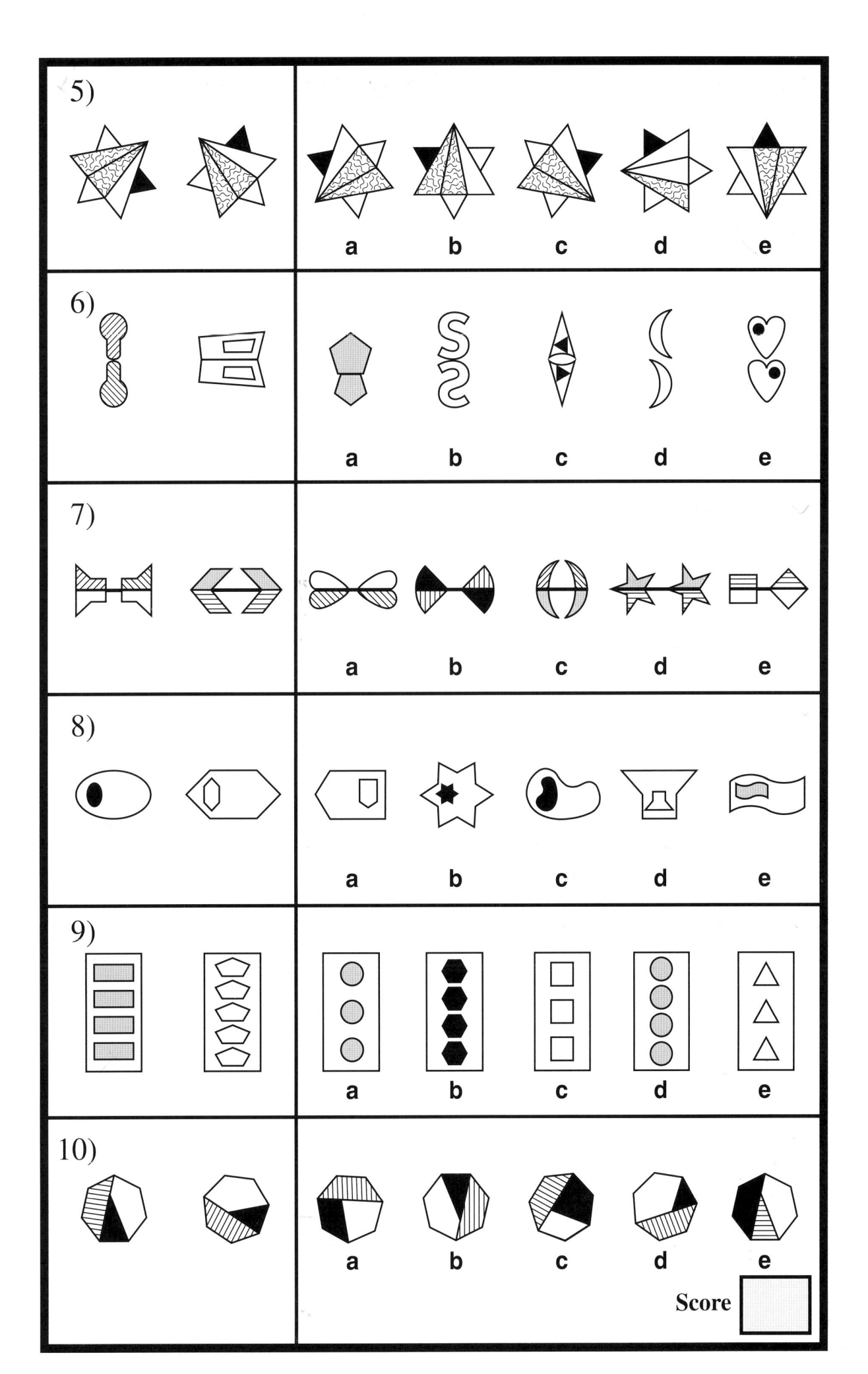

6)

7)

8)

9)

10)

Score

Non-verbal Reasoning Test 29
Series

To the left of each of the lines below there are five squares arranged in order. One of these squares has been left empty. Find which one of the five squares on the right should take the place of the empty square.

Example

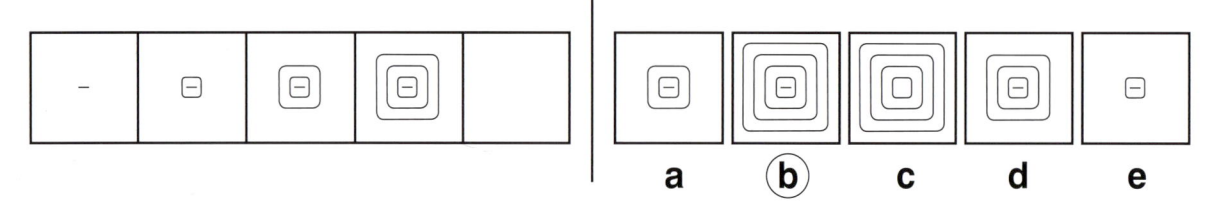

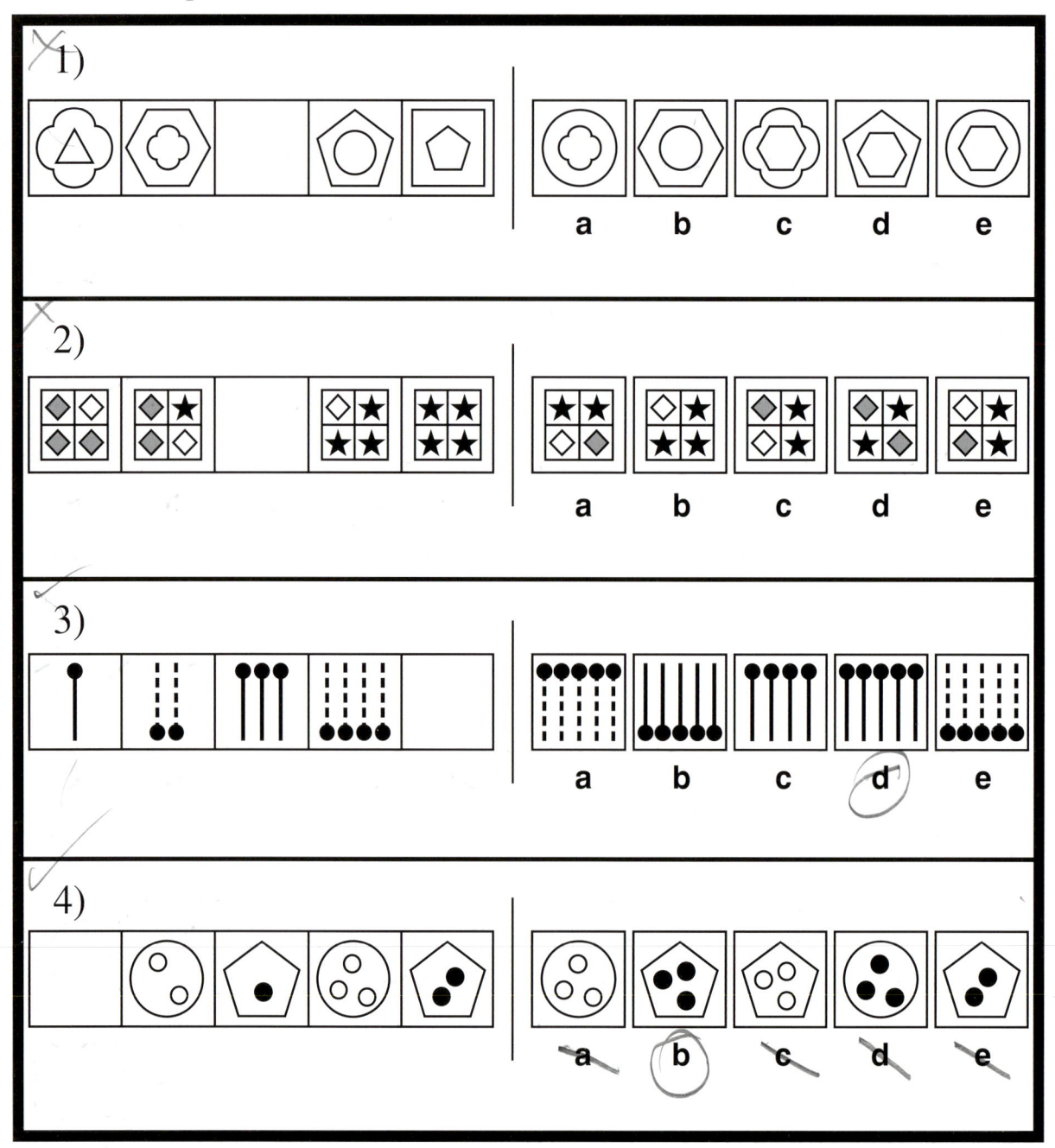

Now do the questions below. Circle the correct answer.

1)

2)

3) **d**

4) **b**

58 © 2011 Stephen Curran

5)
6)
7)
8)
9)
10)

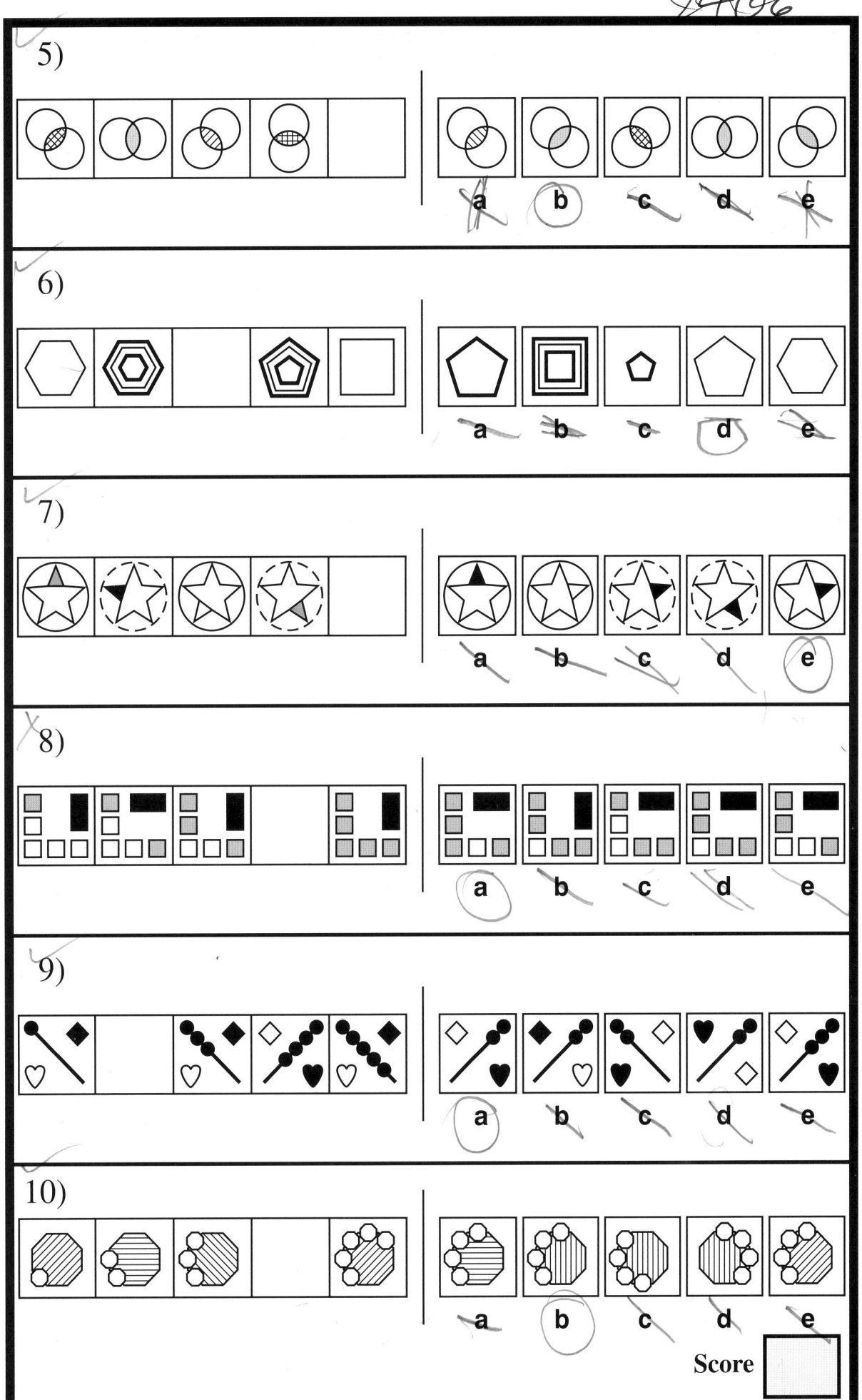

Score

© 2011 Stephen Curran

Non-verbal Reasoning Test 30
Matrices

In the big square on the left of each line below, one of the small squares has been left empty. One of the five figures on the right should fill the empty square. Find this figure.

Example

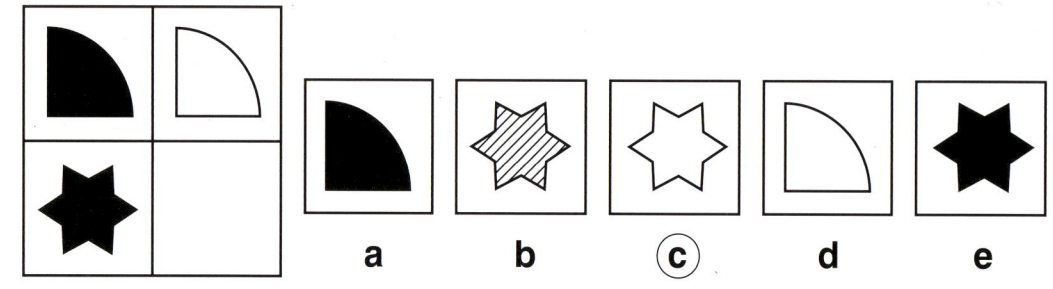

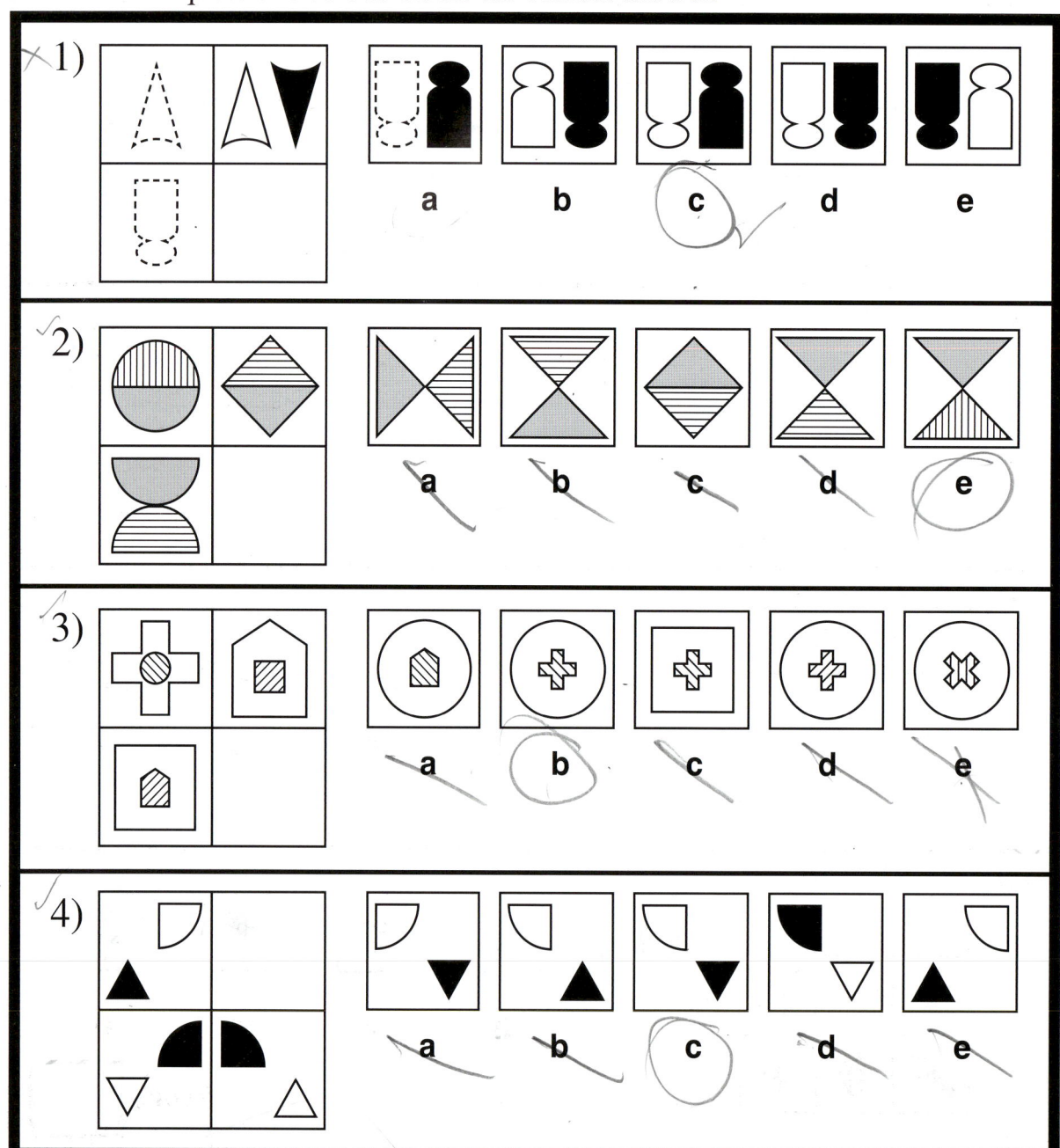

Now do the questions below. Circle the correct answer.

60 © 2011 Stephen Curran

5) e
6) e
7) d
8) a
9) b
10) d

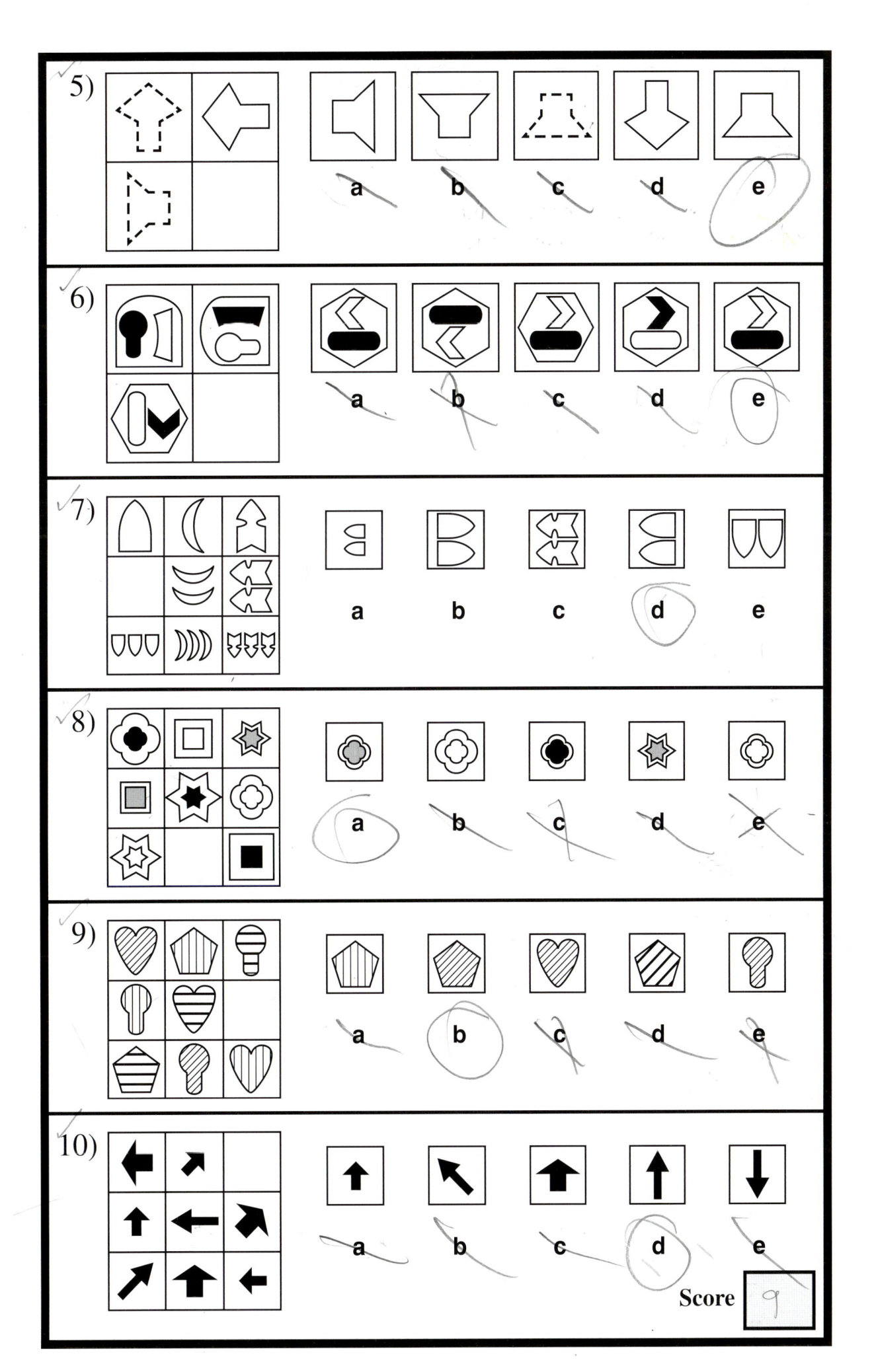

Score 9

Non-verbal Reasoning Test 31
Odd One Out

In each of the rows below there are five figures. Find one figure in each row that is **most unlike** the other four.

Example

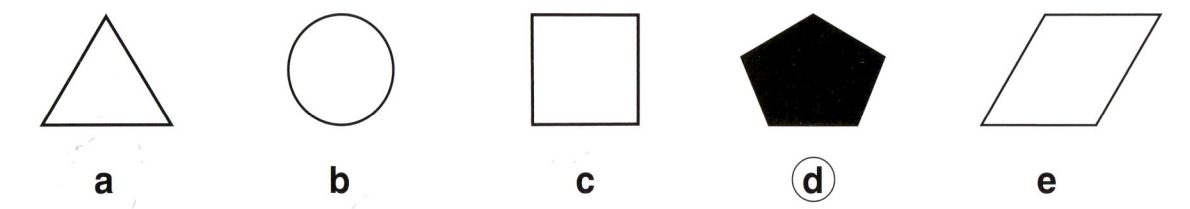

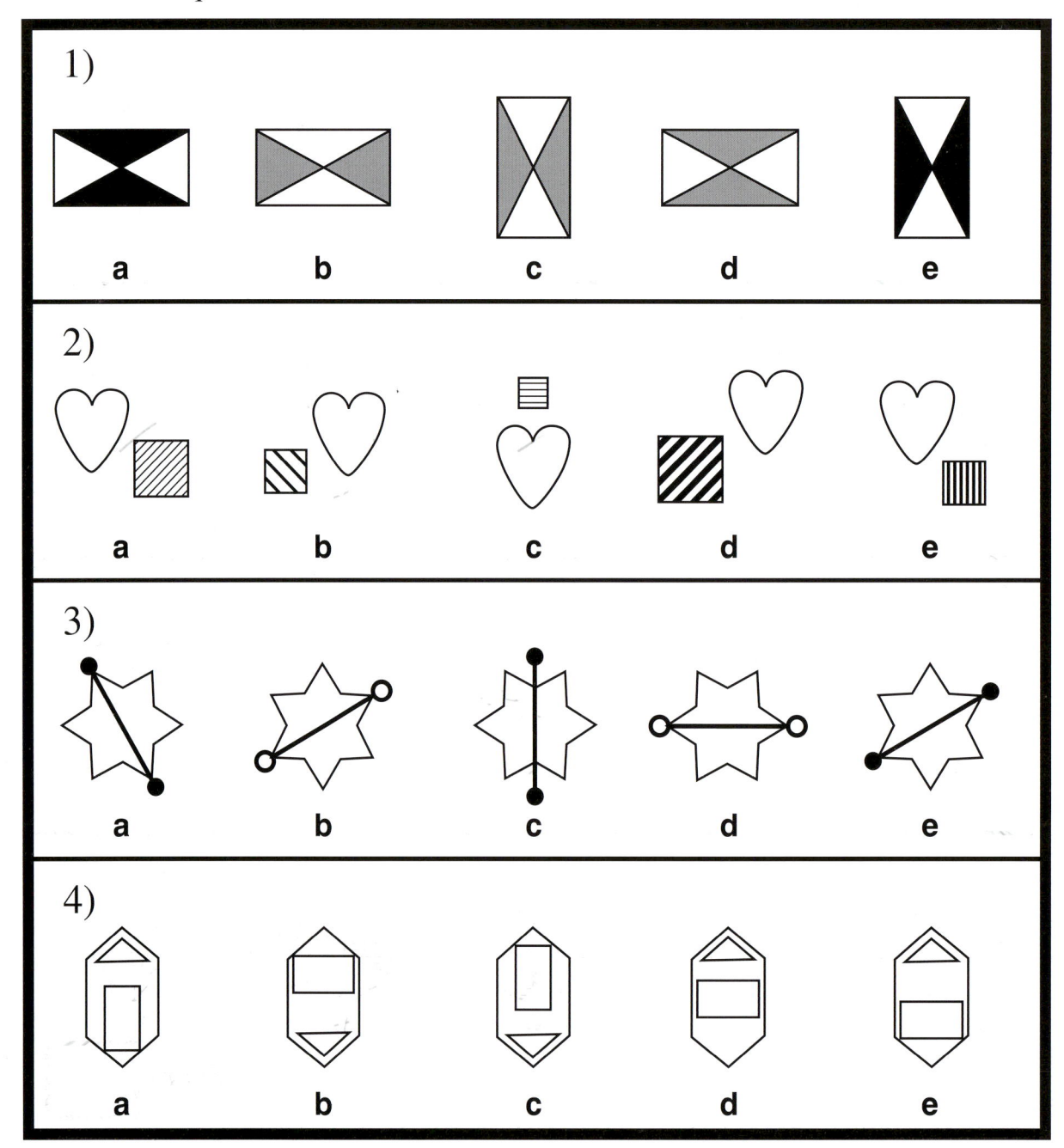

Now do the questions below. Circle the correct answer.

5)

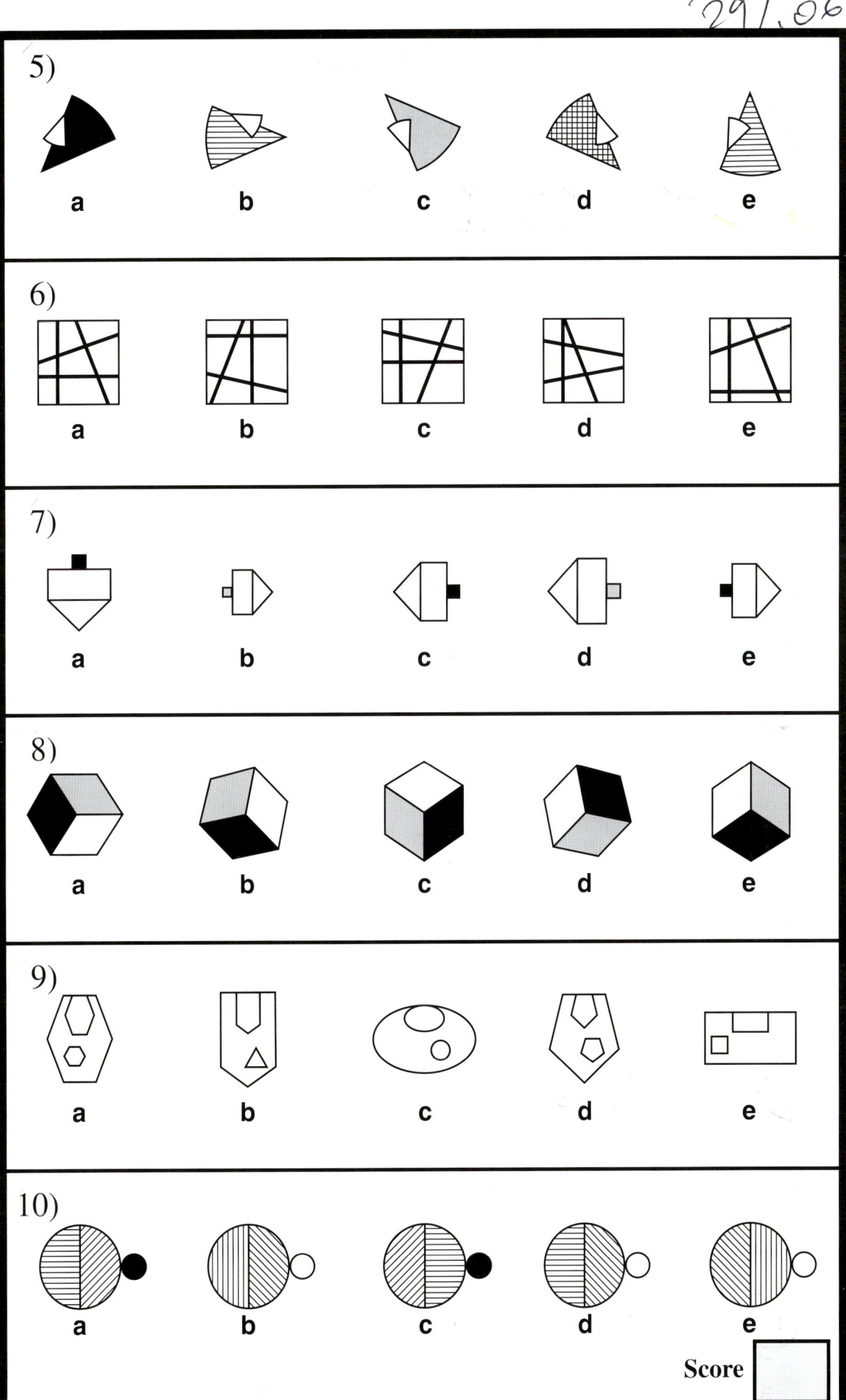

a   b   c   d   e

6)

a   b   c   d   e

7)

a   b   c   d   e

8)

a   b   c   d   e

9)

a   b   c   d   e

10)

a   b   c   d   e

Score

Non-verbal Reasoning Test 32
Codes

The following shapes correspond to the codes below them. You must decide how the code letters go with the shapes and then find the correct code for the Test Shape.

Example

TEST SHAPE

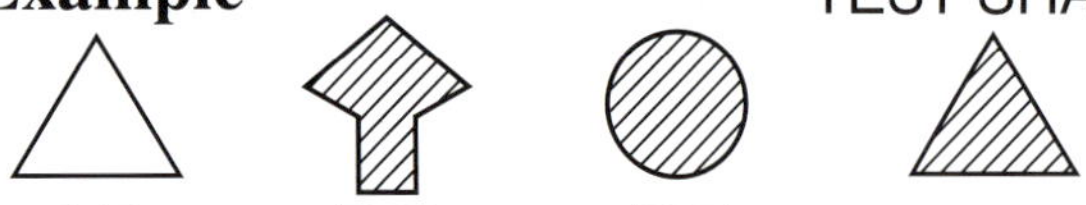

AR BS BT (triangle shaded)

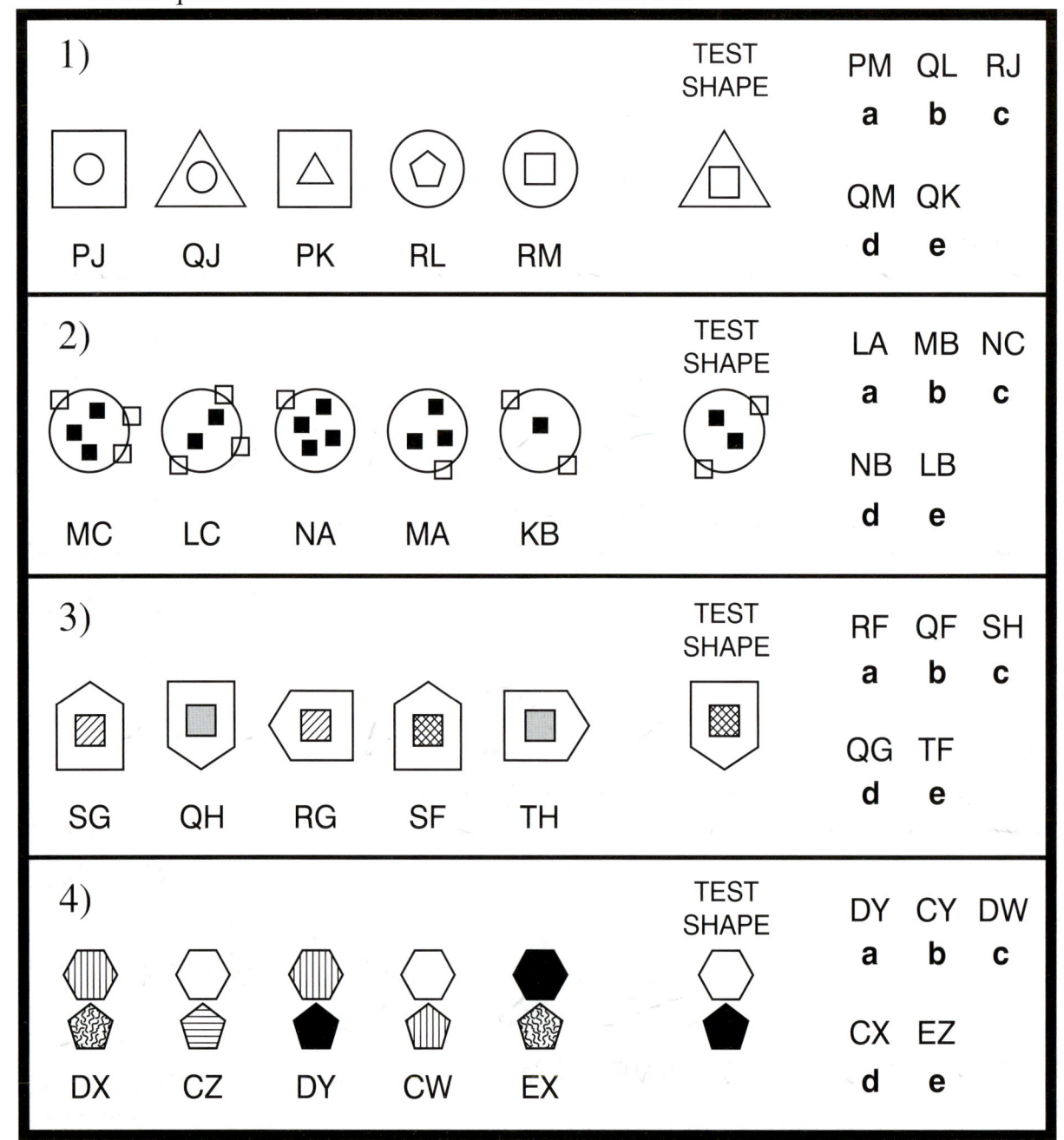

BR AS AT BS AR
(a) b   c   d   e

The first letter stands for the type of fill: **A** - White Fill; **B** - Shaded Fill.
The second letter stands for each shape: **R** - Triangle; **S** - Arrow; **T** - Circle.
The answer is **BR**: **B** for Shaded Fill; **R** for Triangle.
Now do the questions below. Circle the correct answer.

1) PJ QJ PK RL RM

TEST SHAPE

PM QL RJ
a b c

QM QK
d e

2) MC LC NA MA KB

TEST SHAPE

LA MB NC
a b c

NB LB
d e

3) SG QH RG SF TH

TEST SHAPE

RF QF SH
a b c

QG TF
d e

4) DX CZ DY CW EX

TEST SHAPE

DY CY DW
a b c

CX EZ
d e

64 © 2011 Stephen Curran

5)

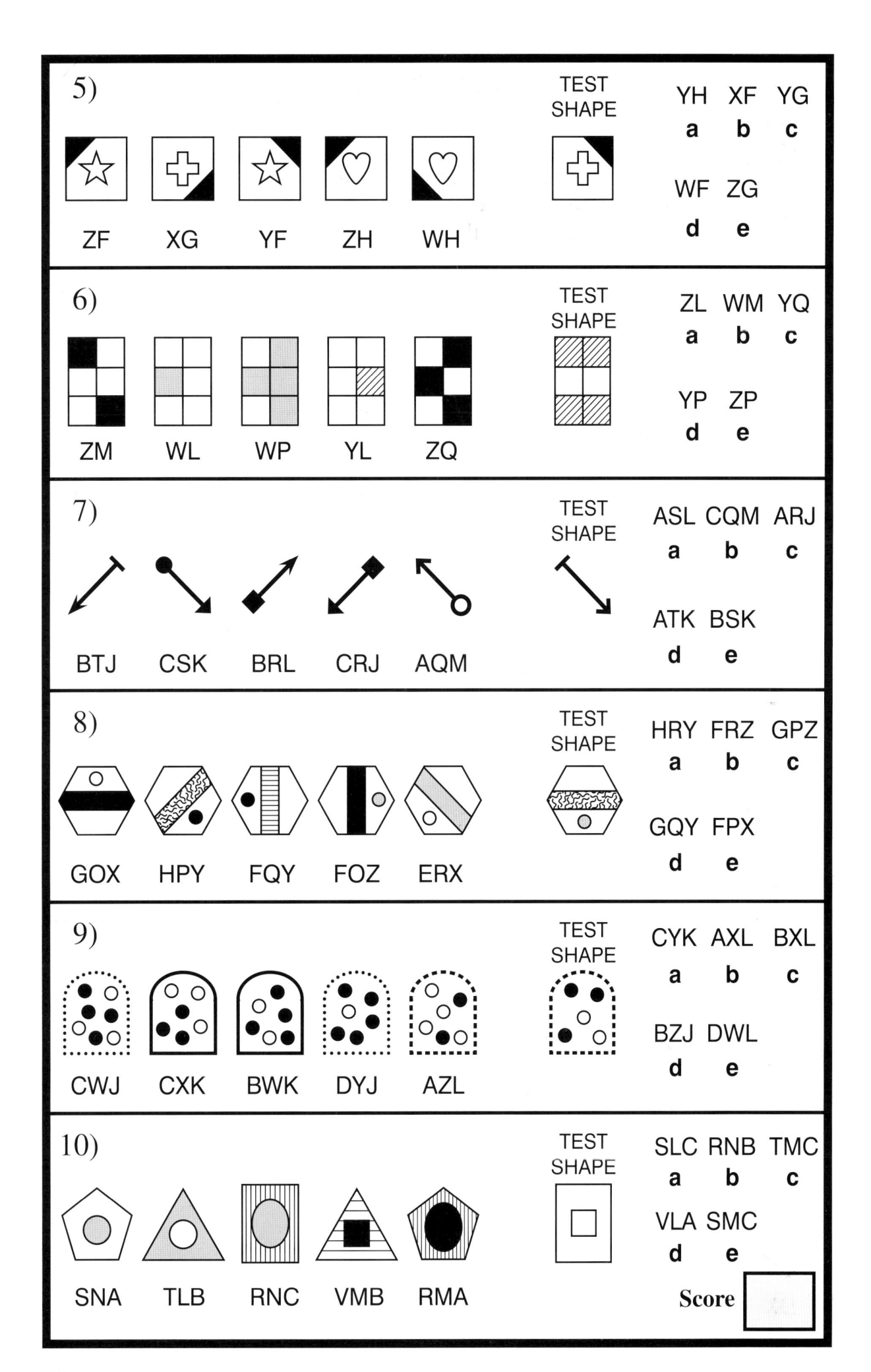

Shape	ZF	XG	YF	ZH	WH

TEST SHAPE

YH	XF	YG
a	b	c

WF	ZG
d	e

6)

Shape	ZM	WL	WP	YL	ZQ

TEST SHAPE

ZL	WM	YQ
a	b	c

YP	ZP
d	e

7)

Shape	BTJ	CSK	BRL	CRJ	AQM

TEST SHAPE

ASL	CQM	ARJ
a	b	c

ATK	BSK
d	e

8)

Shape	GOX	HPY	FQY	FOZ	ERX

TEST SHAPE

HRY	FRZ	GPZ
a	b	c

GQY	FPX
d	e

9)

Shape	CWJ	CXK	BWK	DYJ	AZL

TEST SHAPE

CYK	AXL	BXL
a	b	c

BZJ	DWL
d	e

10)

Shape	SNA	TLB	RNC	VMB	RMA

TEST SHAPE

SLC	RNB	TMC
a	b	c

VLA	SMC
d	e

Score

© 2011 Stephen Curran

Non-verbal Reasoning Test 33
Analogies

On the left of each row are two shapes with an arrow between them. Decide how the second shape is related to the first. After these there is a third shape, then an arrow and then five more shapes. Decide which of the five shapes goes with the third shape to make a pair like the two shapes on the left.

Example

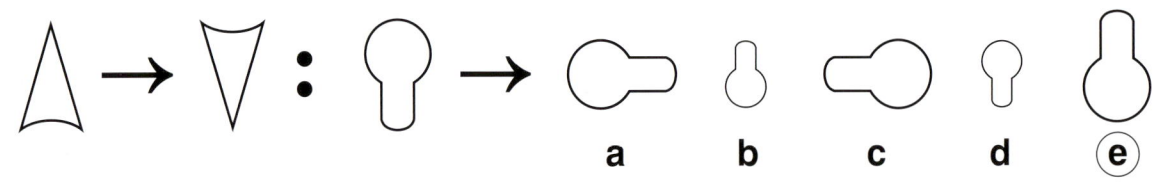

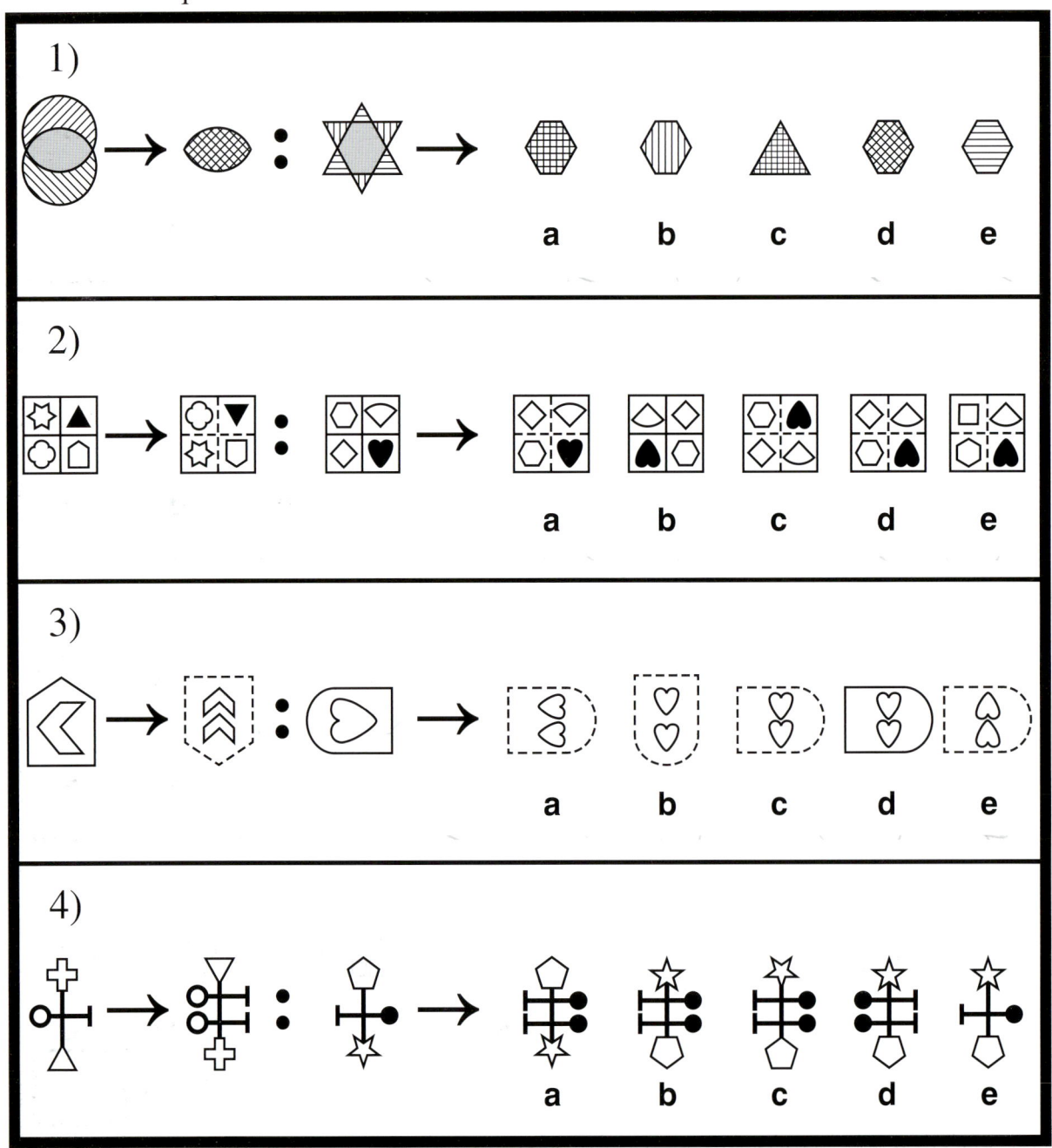

Now do the questions below. Circle the correct answer.

1)

2)

3)

4)

5) a b c d e

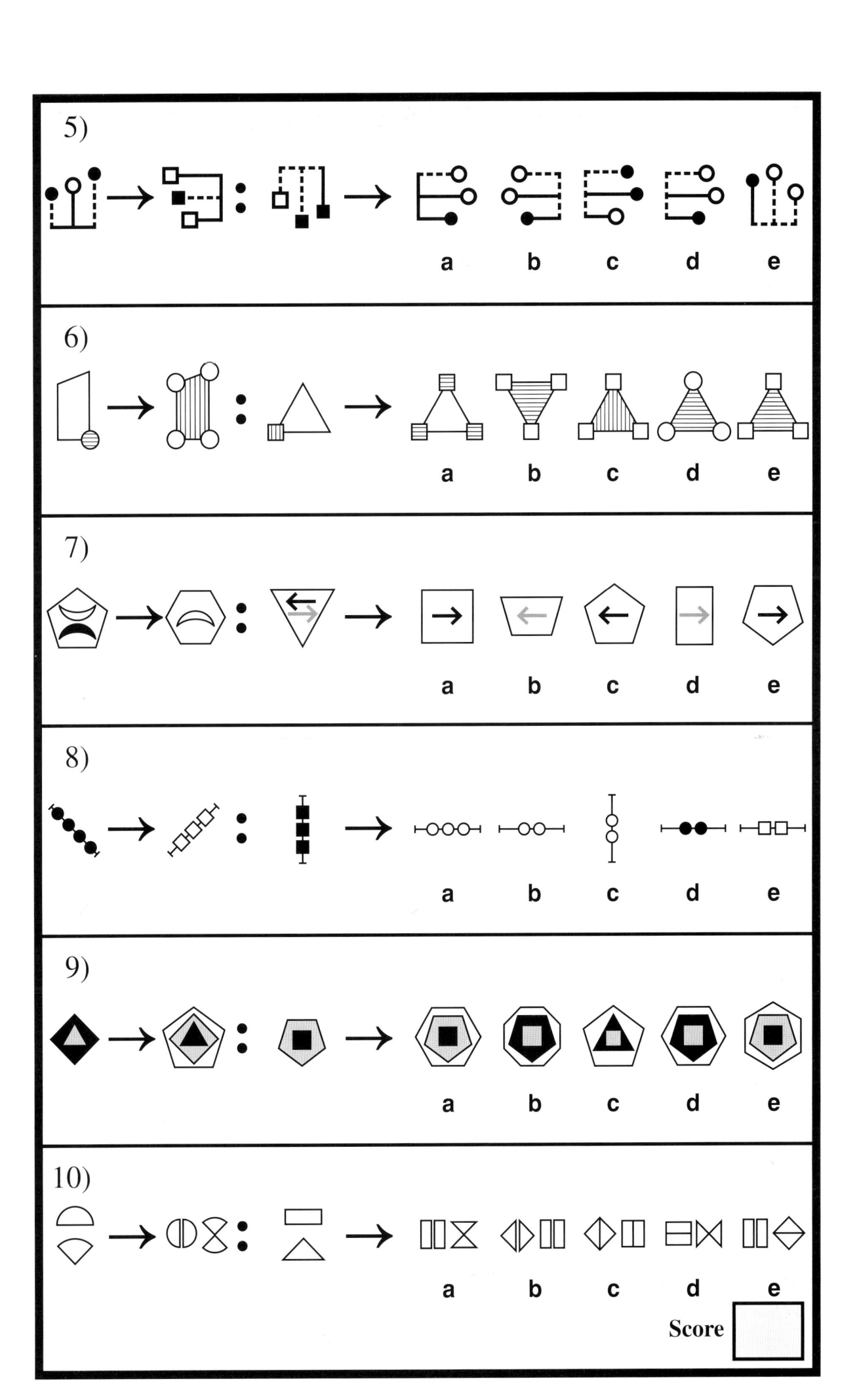

6) a b c d e

7) a b c d e

8) a b c d e

9) a b c d e

10) a b c d e

Score

Non-verbal Reasoning Test 34
Similarities

On the left of each of the rows below there are two figures that are alike. On the right there are five more figures. Find which one of these five is **most like** the two figures on the left.

Example

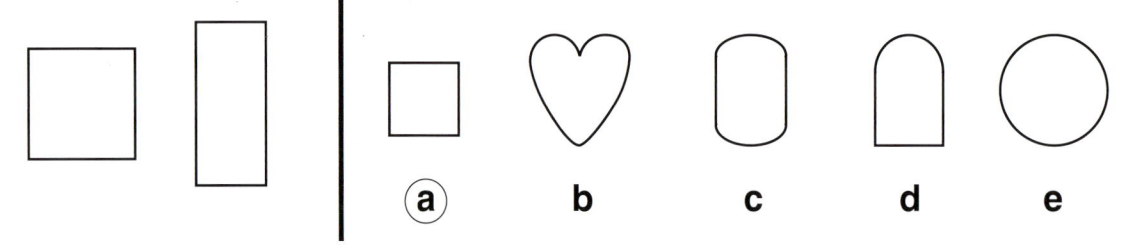

Now do the questions below. Circle the correct answer.

1)
2)
3)
4)

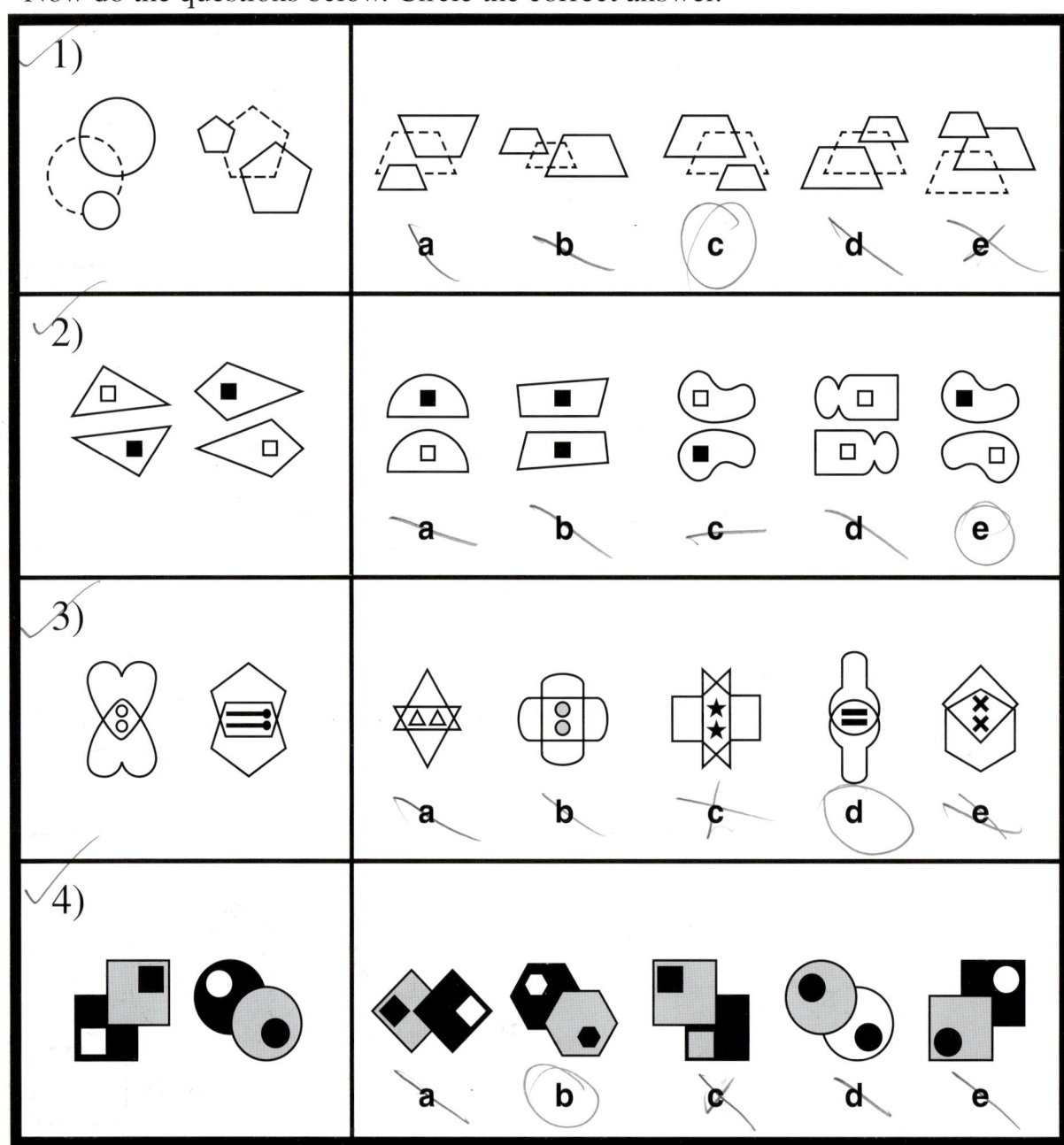

5) a b c d e

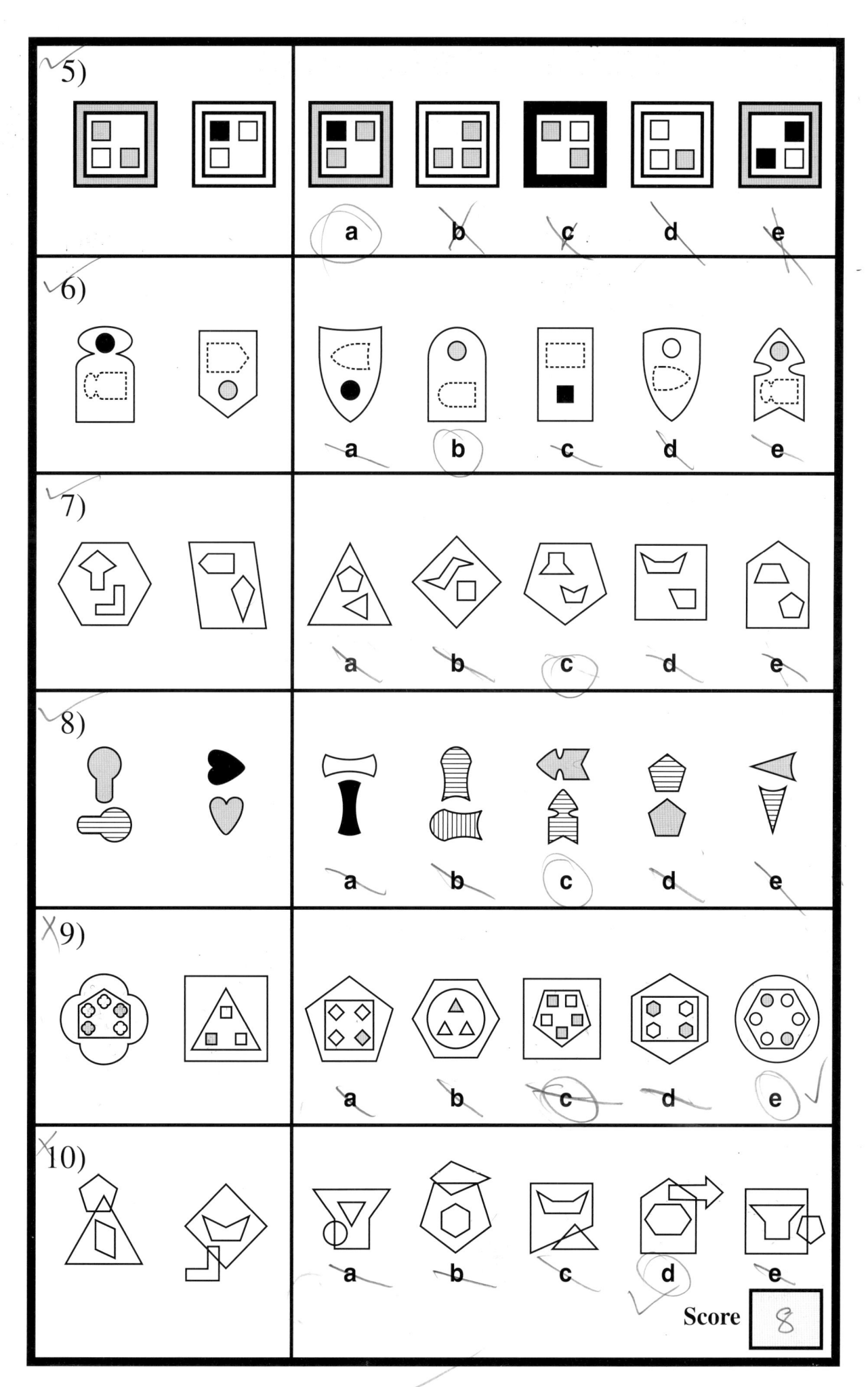

6) a b c d e

7) a b c d e

8) a b c d e

9) a b c d e

10) a b c d e

Score 8

Non-verbal Reasoning Test 35
Series

To the left of each of the lines below there are five squares arranged in order. One of these squares has been left empty. Find which one of the five squares on the right should take the place of the empty square.

Example

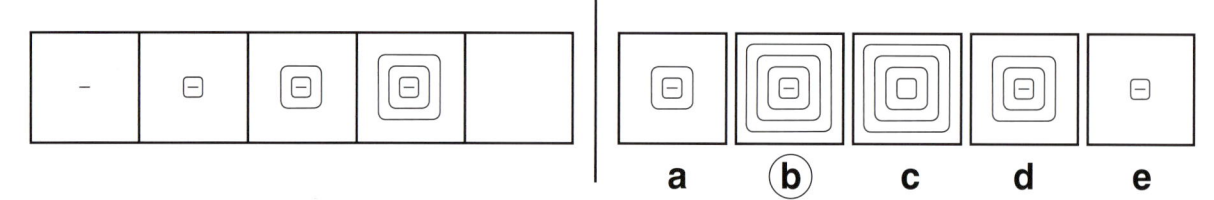

Now do the questions below. Circle the correct answer.

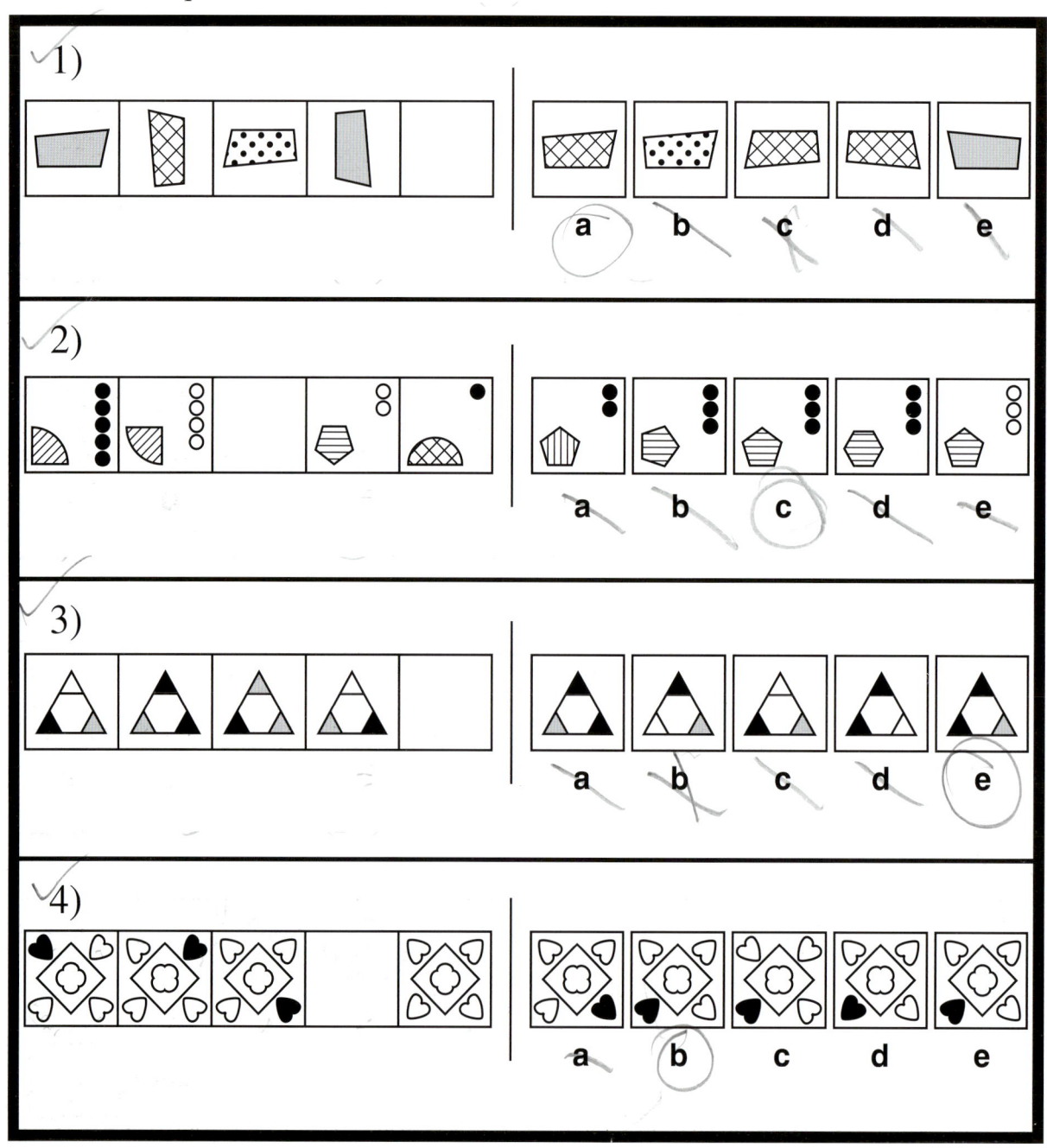

5)
6)
7)
8)
9)
10)

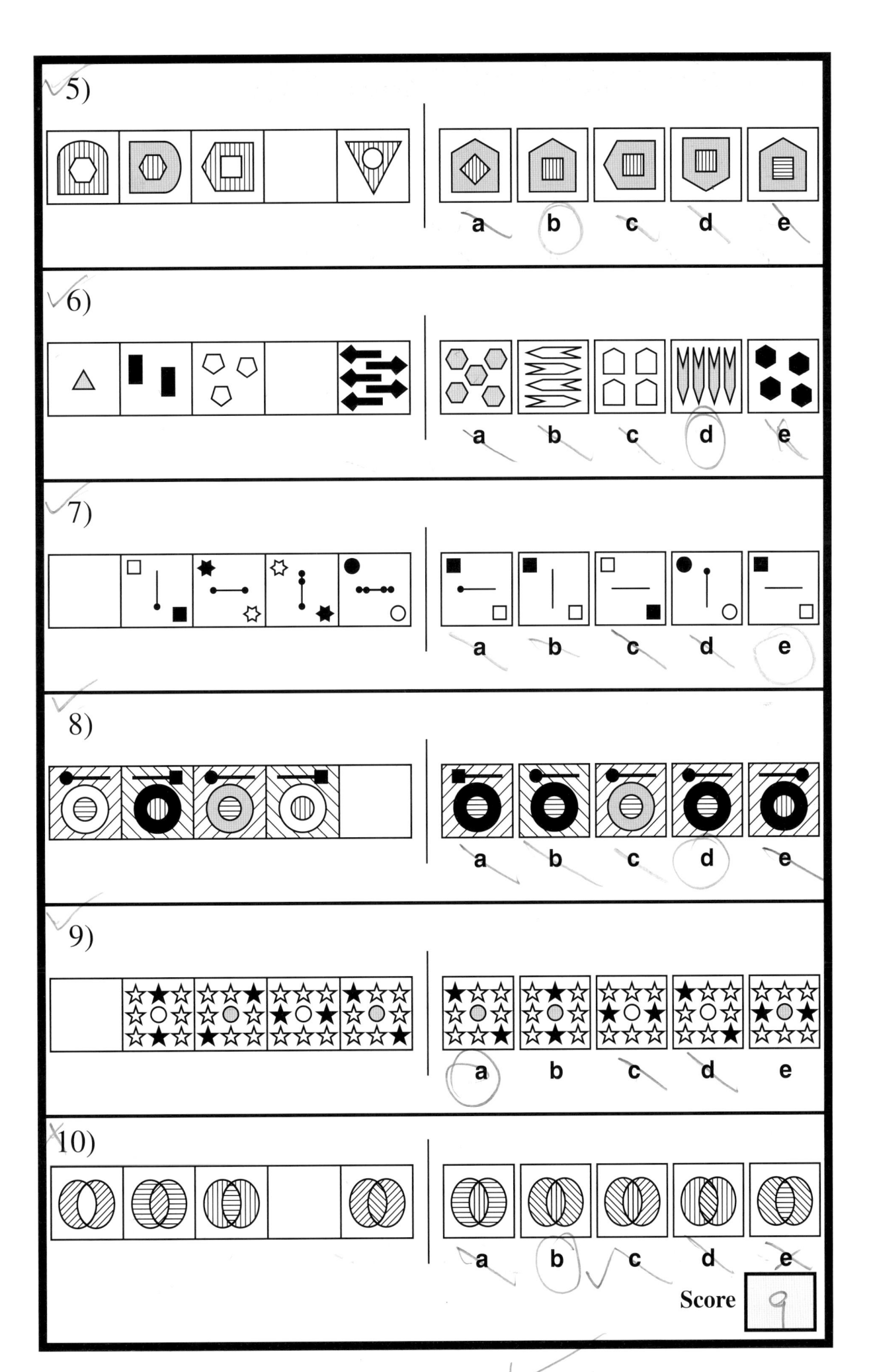

Score 9

Non-verbal Reasoning Test 36
Matrices

In the big square on the left of each line below, one of the small squares has been left empty. One of the five figures on the right should fill the empty square. Find this figure.

Example

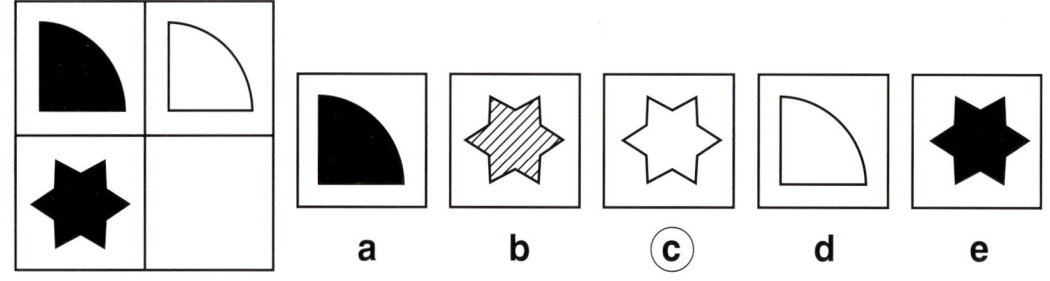

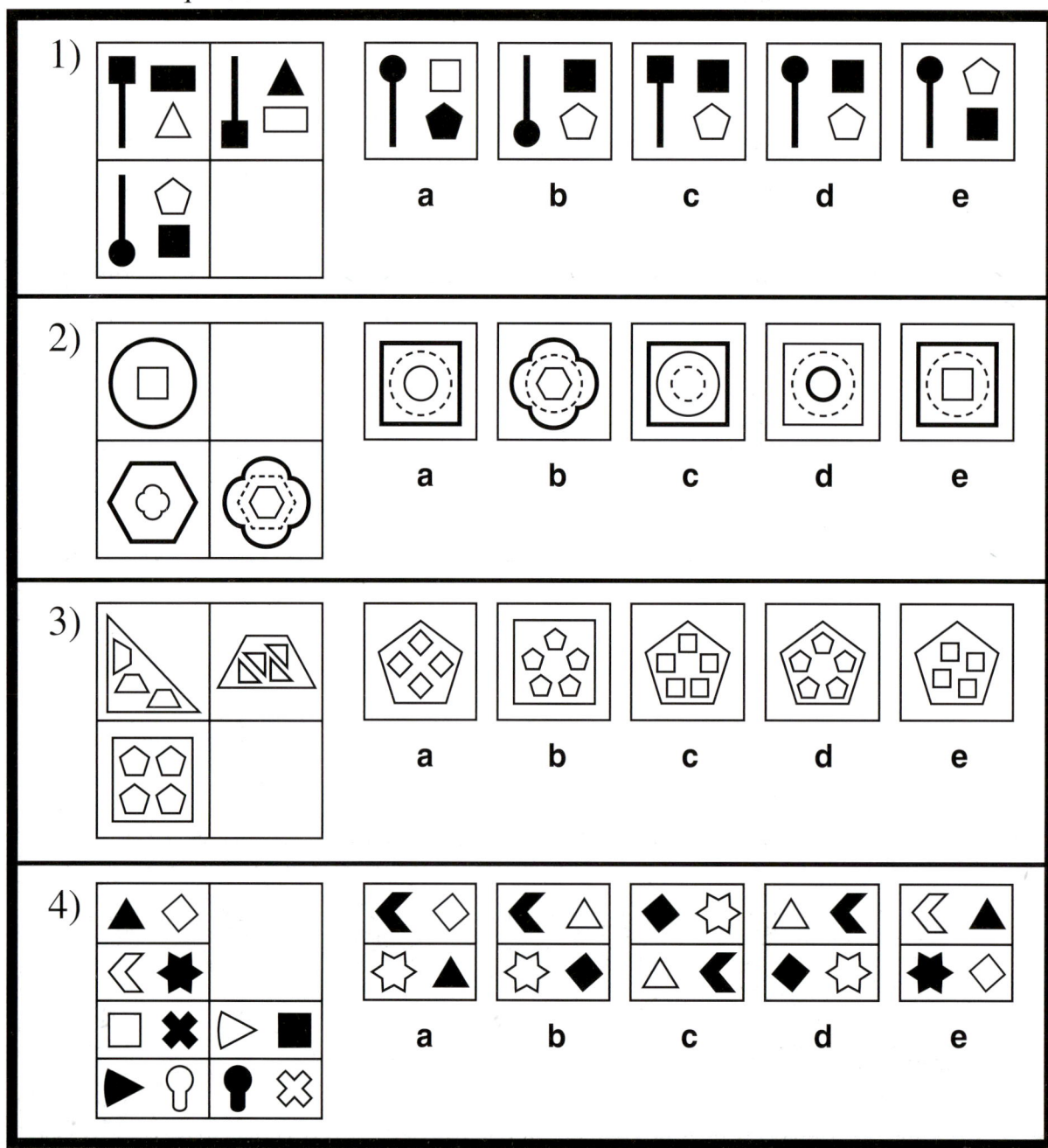

Now do the questions below. Circle the correct answer.

5)
6)
7)
8)
9)
10)

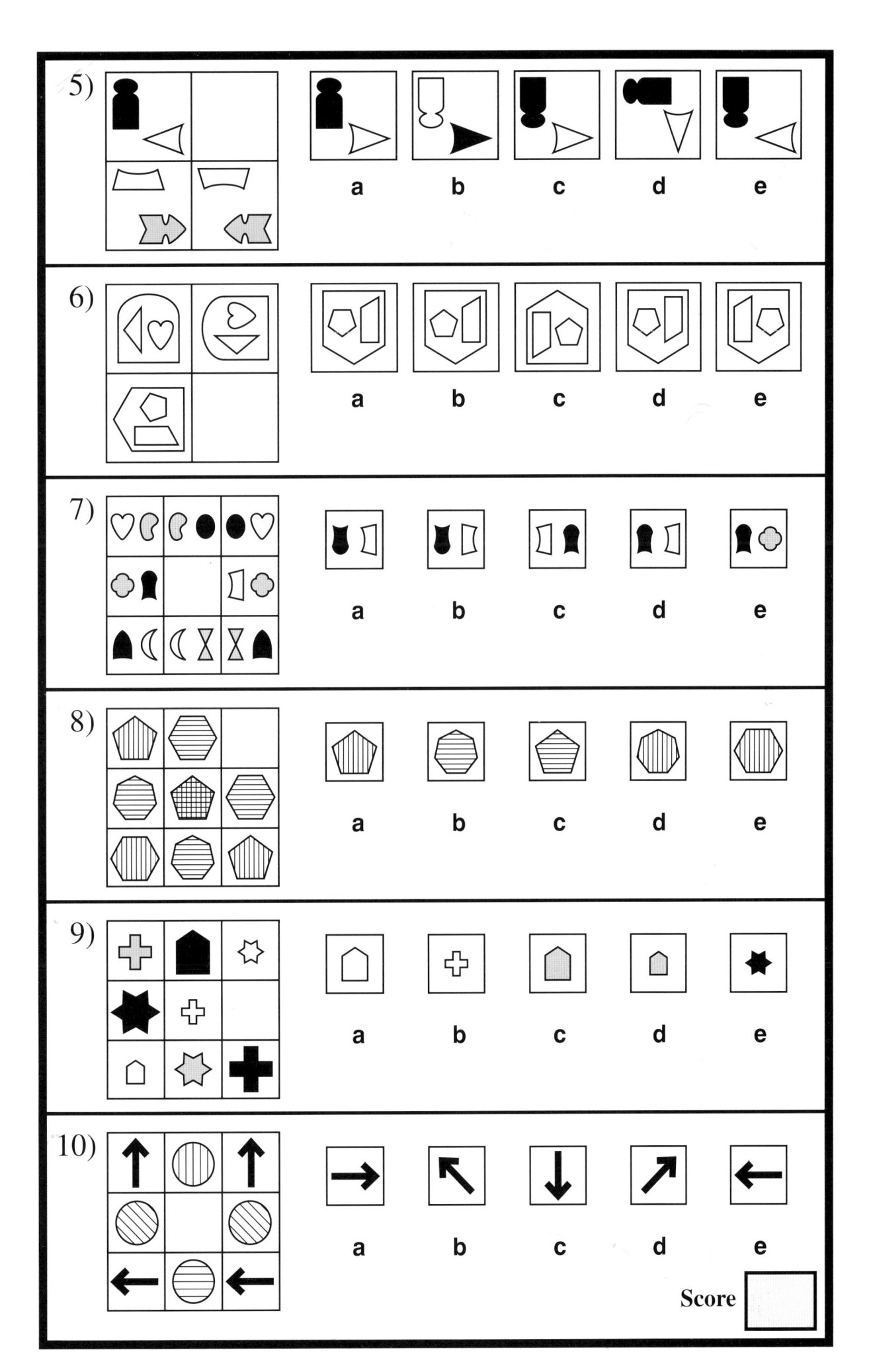

Score

Notes

11+ Non-verbal Reasoning
Year 4/5 Testbook 1

Answers

Test 1
1) **b**
2) **e**
3) **e**
4) **b**
5) **a**
6) **d**
7) **c**
8) **a**
9) **d**
10) **c**

Test 2
1) **b**
2) **d**
3) **e**
4) **a**
5) **c**
6) **b**
7) **e**
8) **b**
9) **e**
10) **b**

Test 3
1) **c**
2) **b**
3) **d**
4) **b**
5) **d**
6) **b**
7) **c**
8) **c**
9) **e**
10) **e**

Test 4
1) **c**
2) **b**
3) **c**
4) **e**
5) **b**
6) **b**
7) **e**
8) **a**
9) **a**
10) **e**

Test 5
1) **b**
2) **a**
3) **d**
4) **b**
5) **c**
6) **d**
7) **b**
8) **a**
9) **e**
10) **b**

Test 6
1) **e**
2) **b**
3) **e**
4) **a**
5) **c**
6) **d**
7) **a**
8) **c**
9) **d**
10) **b**

Test 7
1) **d**
2) **d**
3) **d**
4) **e**
5) **c**
6) **b**
7) **a**
8) **a**
9) **c**
10) **b**

Test 8
1) **c**
2) **b**
3) **a**
4) **e**
5) **d**
6) **c**
7) **b**
8) **a**
9) **c**
10) **e**

Test 9
1) **c**
2) **b**
3) **d**
4) **e**
5) **e**
6) **d**
7) **a**
8) **d**
9) **c**
10) **b**

© 2011 Stephen Curran

11+ Non-verbal Reasoning
Year 4/5 Testbook 1

Answers

Test 10
1) **c**
2) **c**
3) **d**
4) **b**
5) **c**
6) **b**
7) **c**
8) **b**
9) **d**
10) **c**

Test 11
1) **d**
2) **e**
3) **a**
4) **b**
5) **d**
6) **b**
7) **a**
8) **d**
9) **c**
10) **e**

Test 12
1) **c**
2) **d**
3) **c**
4) **b**
5) **c**
6) **d**
7) **e**
8) **e**
9) **e**
10) **d**

Test 13
1) **a**
2) **e**
3) **d**
4) **c**
5) **a**
6) **e**
7) **b**
8) **e**
9) **e**
10) **b**

Test 14
1) **b**
2) **e**
3) **d**
4) **c**
5) **a**
6) **c**
7) **c**
8) **a**
9) **e**
10) **e**

Test 15
1) **d**
2) **c**
3) **b**
4) **e**
5) **b**
6) **a**
7) **d**
8) **d**
9) **b**
10) **c**

Test 16
1) **b**
2) **d**
3) **b**
4) **c**
5) **c**
6) **a**
7) **c**
8) **b**
9) **d**
10) **e**

Test 17
1) **b**
2) **b**
3) **e**
4) **a**
5) **a**
6) **c**
7) **d**
8) **e**
9) **d**
10) **c**

Test 18
1) **c**
2) **e**
3) **a**
4) **e**
5) **e**
6) **b**
7) **c**
8) **a**
9) **e**
10) **d**

© 2011 Stephen Curran

11+ Non-verbal Reasoning
Year 4/5 Testbook 1

Answers

Test 19
1) c
2) a
3) e
4) b
5) c
6) e
7) b
8) d
9) c
10) b

Test 20
1) b
2) d
3) d
4) a
5) e
6) c
7) c
8) c
9) e
10) d

Test 21
1) c
2) a
3) e
4) b
5) d
6) c
7) b
8) c
9) c
10) e

Test 22
1) c
2) a
3) e
4) b
5) a
6) e
7) d
8) d
9) b
10) a

Test 23
1) e
2) b
3) a
4) c
5) a
6) d
7) c
8) e
9) c
10) a

Test 24
1) c
2) e
3) b
4) b
5) a
6) d
7) c
8) b
9) e
10) c

Test 25
1) e
2) b
3) c
4) d
5) a
6) d
7) b
8) c
9) b
10) d

Test 26
1) c
2) e
3) d
4) a
5) b
6) c
7) c
8) a
9) d
10) e

Test 27
1) a
2) d
3) c
4) b
5) d
6) e
7) a
8) b
9) d
10) e

© 2011 Stephen Curran

11+ Non-verbal Reasoning
Year 4/5 Testbook 1

Answers

Test 28
1) c
2) e
3) d
4) b
5) a
6) b
7) c
8) c
9) e
10) d

Test 29
1) e
2) c
3) d
4) b
5) b
6) d
7) e
8) d
9) a
10) b

Test 30
1) c
2) e
3) b
4) c
5) e
6) e
7) d
8) a
9) b
10) d

Test 31
1) b
2) c
3) c
4) d
5) a
6) d
7) a
8) e
9) b
10) d

Test 32
1) d
2) e
3) b
4) b
5) c
6) d
7) d
8) c
9) c
10) a

Test 33
1) a
2) d
3) c
4) b
5) d
6) e
7) a
8) b
9) d
10) e

Test 34
1) c
2) e
3) d
4) b
5) a
6) b
7) c
8) c
9) e
10) d

Test 35
1) a
2) c
3) e
4) b
5) b
6) d
7) e
8) d
9) a
10) b

Test 36
1) a
2) a
3) c
4) b
5) c
6) a
7) d
8) d
9) c
10) b

PROGRESS CHARTS

Test Number	Mark	%
1 Odd One Out		
2 Codes		
3 Analogies		
4 Similarities		
5 Series		
6 Matrices		
7 Odd One Out		
8 Codes		
9 Analogies		
10 Similarities		
11 Series		
12 Matrices		
13 Odd One Out		
14 Codes		
15 Analogies		
16 Similarities		
17 Series		
18 Matrices		

Test Number	Mark	%
19 Odd One Out		
20 Codes		
21 Analogies		
22 Similarities		
23 Series		
24 Matrices		
25 Odd One Out		
26 Codes		
27 Analogies		
28 Similarities		
29 Series		
30 Matrices		
31 Odd One Out		
32 Codes		
33 Analogies		
34 Similarities		
35 Series		
36 Matrices		

CERTIFICATE OF
ACHIEVEMENT

This certifies

_____

has successfully completed

11+ Non-verbal Reasoning
Year 4/5
TESTBOOK 1

Overall percentage score achieved [ ] %

Comment _____

_____

Signed _____
(teacher/parent/guardian)

Date _____